JN130388

伝道の念仏聖

里の播隆

黒野こうき

まつお出版

目　次

はじめに

「里の播隆」とは、当時の庶民と交流した、念仏の布教、教化に生きた播隆（一七八六～一八四〇）の足跡のことである。

播隆は教えをわかりやすく表現した極楽歌、子育て歌、女人罪歌、無常歌、イロハ歌、十二光和讃、弥陀利益和讃、悲願和讃、不動和讃、取集歌など各種の数え歌、和讃を残している。また、教えを諭した念仏起請文、南無阿弥陀仏を木版刷りで配布した名号札などもある。それらは里の播隆の庶民教化の工夫である。

現在、各地で確認されている八十三基の播隆名号碑などや、今でも継承されている各地の播隆念仏講、念仏行事などは、里の播隆の生きた足跡である。

本書はまず第一章で、播隆が里の各地に広めた念仏講のありようを述べ、第二章で、各地に残る名号碑を解説し、さらに第三章では播隆の書体と花押を分析し述べた。第四章では、播隆の足跡を訪ねた場所で出会った近世の聖《ひじり》たち、それも現代では無名となった聖たちにもスポットをあてて播隆と比較しながら紹介した。終章では改めて播隆そのものを考察してみた。

史料編では、円空、木食など江戸時代に活躍した著名な聖たちや、播隆が布教用に作り出した数々の歌を収録し、各地で活動する播隆念仏講を紹介し、播隆名号碑一覧を掲載した。

これらの史料もふまえて、本書を『播隆入門』（平成二十六年・まつお出版）と合わせて研究等に活用してくだされば幸いである。

第一章　播隆念仏講と念仏行事

播隆念仏講は念仏という文化の上に

白紙の土地に播隆が巡錫して念仏講を始めたというよりも、念仏という基層文化があり、先行する念仏講、念仏を求める人々がすでに存在していたところに、念仏を生きた播隆という真の念仏行者が現れ、それらの人々に受け入れられたということ、播隆念仏講、念仏行事は寺院がかかわるものではなく、庶民が主体的に行なっている教団をはなれていたものであった。

播隆がかかわる講（「各地の講」参照）もそうだが、内容は宗派の教義にそったものではなく、庶民が求める、ありがたいと思われるものが混在しており、民衆の主体性を感じさせる。講は法悦であり、娯楽であったようだ。また、播隆が教えた数々の歌（「播隆さんの歌」参照）を唱和したのに違いない。

さらに円座になっての百万遍念仏の大数珠回しの一体感、連帯感は地域の結束を強め、講での飲食は大きな楽しみであった。

講のおり掲げられた名号軸には「槍ヶ岳念仏講」と記されたものも残っているが、当時どの程度の人々が槍ヶ岳に登ったのか不明であるが、江戸時代に槍ヶ岳に登っていたのは事実である。
播隆の思想の中に時代の先見性、革新性は感じられないが、その背後に槍ヶ岳、笠ヶ岳、伊吹山の山容が浮かんでくるのである。
里の人々は、播隆の思想を理解し後世に残そうとしたか不明だが、のちに播隆名号碑と呼ばれる碑を建立した。それは各地に多く現存しているのである。（「播隆名号碑一覧」参照）
今後、さらに播隆念仏講を確認することが可能であろう。

変化する講

念仏講は、明らかに近年まで勤められていたと思われるところがあったり、以前は毎月であったものが現在は葬式が出たときだけになっていたり、お盆のときだけ名号軸をかけたりしているところも見られた。

現代は念仏講の過渡期なのである。時代の流れの中で念仏講が消えていくのは致し方ないことかもしれないが、黒仏念仏講のように途絶えていたものが再開された例もあり、けっして消えてく道だけではない。

『暦代雑記』

第二章　播隆名号碑の建立

名号碑の足跡

里の播隆の活躍を物語るものに、各地に建立された播隆名号碑がある。「播隆研究」第一号で掲載した時点の平成十二年四月一日現在においては七十九基であった。その後七十九基から八十二基となり、これで打ち止めかと思っていたところ、平成二十八年、松本市内の墓地でさらに一基を確認することができた。

これで現在のところ名号碑は八十三基となった。八十三基目は個人の墓地にあったもので、人目につく町の辻、村の辻、公道などに建立された名号碑ではなく、今後も私有地的な場所から発見されるかもしれない。

現在、名号碑に関する史料を四点確認している。まず、岐阜県美濃市の来昌寺文書『暦代雑記』がある。

それによれば、天保二年（一八三一）一月二十七日から二月三日まで播隆を寺に招請し、その後、天保三年四月に名号碑を建立（雑記には四年とあるが筆者・然空の誤りであろう）したとある。招請は寺が行なっ

播隆名号碑（岐阜県各務原市鵜沼各務原町）最大の名号碑で国道二十一号、陸橋下にある。

たというよりも、寺を会場に宗派を超えて広く念仏講を行なったようで、将来争いとならぬように建立の場所を決め、寺社奉行の許可も取り、皆が出しあって建てた様子が記述してある。面白いことに、その後、年々念仏講は衰退していったようで、寺としてあまり講に関わらないようにとの心得が記してあった。

ついで、岐阜県各務原市の『前渡坪内氏御用部屋記録二』がある。天保三年の項に、名号碑に使う石に関する記述が一行ある。この名号碑が現存している市内のどれかの名号碑なのか、あるいは未確認の名号碑なのかは不詳である。地元には天保二年の名号軸が伝わっており、以前は播隆念仏講が勤められていた。また、地元の古老の話によれば、播隆が籠っていたという岩屋もあった。

長野県安曇野市三郷の中村家文書『上長尾村小文治の書出帳』には、天保七年一月から三月にわたって名号碑建立に関する酒代の記録が残されていた。天保七年は天保の飢饉の最中であるが、当時の人々が名号碑建立にさいして酒をくみかわしながら行なっている様子がうかがわれて興味深い。

また、年月日はわからないが『行状記』の中に、現在の岐阜県各務原市鵜沼各務原町での名号碑開眼供養の記述がある。名号碑を建立したとき、播隆を呼んで開眼供養を行なっている。

このように、播隆たちのような近世の聖たちによる名号碑など石仏等の建立は、仏教の空洞化として位置づけられている近世の宗教史の見直しを促すものであろう。

新寺建立法度など江戸時代の宗教規制の中で、寺院を離れた庶民信仰の発露として行なわれた石仏、野の仏などの建立は高僧、名僧を必要としない、信仰が民俗として民衆の中に根付いた、生活の中の信仰の証左ではなかったか。

それは円空仏が庶民に迎え入れられたように、野の仏といわれる苔生した石仏の微笑みに、庶民のしたたかな信仰を感じるのである。わずか四件の史料ではあるが、当時の人々の様子が、名号碑建立のドラマさえも想像できる史料である。

名号碑に刻まれた年月日の解釈については、一般的に言って建立年月日と思われる。注意したいのは、播隆がその時滞在していた年月日を表すものではないことである。滞在中に建立されたものもあるかもしれないが、後日、播隆の徳を慕って建てられたものが多いのではないか。あるいは、播隆は来ていないが名号を入手して建てられたものもあるかもしれない。

名号碑の存在は播隆の影響、足跡を知る上で重要な手立てであるし、空白の年譜を埋める有力な史料である。また、刻まれている年月日の解釈は外の史料、当時の状況等をよく把握した上で考えていきたい。

名号碑ではないが、岐阜県山県市谷合の「九合洞窟」の岩面に磨崖名号とも言うべき名号が刻まれていた。地元の中村文夫さんが確認されたものである。縄文遺跡で有名な九合洞窟は過去に調査されてはいたが、その洞窟の中央に安置してあった石造物や、洞窟入口正面の上部の岩壁に刻まれていた名号については調査の対象外であったからだろう。

地元の人々もそれらの石造物、名号が播隆の関係のものだとは知らなかったようである。伝承として播隆の名が伝わっていたのかもしれないが、中村さんが気づくまでは忘れられていたようだ。現在、地元で播隆の話を拾うことはできない。洞窟の岩面に刻まれた名号なので、「磨崖名号」と呼びたい。

これと同じものが長野県諏訪市の唐沢山・阿弥陀寺の岸壁にある。阿弥陀寺は弾誓が開山、その山中に巨大な徳本、徳住の磨崖名号がある。

播隆磨崖名号の実測はできなかったが、普通の名号碑と同じくらいの大きさで、署名、花押もあった。

現在は左側にあるが、昔は洞窟の中央にあったという石造物の一つは善光寺如来で、台座に……播隆上人　十方施主　願主隆芝　天保十四年三月建之……とあった。隆芝は播隆の直弟子の一人、洞窟は寺院の本堂のように広く、播隆研究者にとっては興味深い遺跡である。

播隆名号碑の分布

平成二十九年五月現在における播隆名号碑の分析は、岐阜県に五十九基、愛知県に十六基、長野県に六基、滋賀県に二基である。岐阜県に多く、それも可茂地区に集中している。生家のある富山県にないが、若くして郷里をあとにし修行の旅に出た播隆は、生涯ふるさとに足を踏み入れることはなかった。生家に残されている多くの手紙からすると不思議な気もするが、一所不住の持戒の念仏行者播隆にとって、ふるさとの土を踏まないことも修行のうちであったようである。

槍ヶ岳開山、開闢の出発点となった安曇野市三郷の小倉にある名号碑を初めて見たとき、その小ささに驚いた（碑高四十八センチ）。播隆にとっ

祐泉寺の名号碑と播隆の墓碑
（岐阜県美濃加茂市太田本町）

て信州は槍ヶ岳開闢の前線基地で、美濃、尾張が播隆のホームグランドであったのか。美濃、尾張には現在も連綿と続けられている播隆念仏講が多い。また、播隆の死後、天保十二年以降に建立された名号碑もあり、播隆の遺徳がしのばれる。

播隆の墓碑

名号碑と別に播隆の墓碑は四ケ所ある。富山県富山市大山地区の生家と、岐阜県揖斐川町の一心寺、岐阜県岐阜市の正道院、岐阜県美濃加茂市の祐泉寺（元弥勒寺にあったもの）であるが、近年、一心寺、正道院、祐泉寺の三ヶ所の墓から播隆の遺骨が確認された。

播隆名号碑（岐阜県御嵩町比衣里）

第三章　書体と花押

六字名号の書体

播隆の六字名号「南無阿弥陀仏」は各地の播隆念仏講に伝わる名号軸、あるいは各地に建てられた名号碑などによって多数残されている。

名号軸は講中所有のもの、個人蔵のものなど、現在のところ約百三十幅ほど確認している。

名号軸はすべてが軸に表装されている。近年確認されたものの中には、紙のままのものもあったが、確認後すぐに表装されて軸となっている。播隆がそれらの名号を授与した当時、現在のように軸の形に表装したのであろうか。紙のままの状態で、講などで使われていたものが、後年に軸装されたものかどうかは分からない。

名号軸と名号碑を比較してみると、その書体に差異はなく、同じものと言える。播隆の書いたものが石工によってそのまま石に刻まれている。ここでは軸と碑の書体を同一のものとして論じる。

播隆の六字名号の書体を大別すると二つのタイプに分けられる。「花《はな》

花文字風六字名号（長野県安曇野市三郷　個人蔵）

梵字風六字名号（岐阜県美濃加茂市　個人蔵）

文字風《もじふう》」と「梵字風《ぼんじふう》」（呼称は筆者による）である。

花文字風は、一見すると徳本行者の名号に似ているが、徳本流のものとは別物である。やはり、播隆独自の書体である。徳本の法脈につながる念仏行者は数多く存在しており、それらは徳本と見仏の関連を感じさせるものであった。

岐阜県関ケ原町に残されている播隆の「南無聖徳太子」の軸の徳の字は、心の一部が一心と書かれている。播隆が徳本を意識していたのは間違いないことだと思われるが、播隆と同時代を生きた徳本の弟子・徳住とは違った道を歩んだ。徳住はほぼそのまま徳本の書体を真似、見仏は一見徳本流だが微妙に違う。播隆は徳本流を見聞していたであろうが、徳本流に染まらず、また、見仏にも染まっていない。播隆は播隆独自の信仰の道を確立しており、二種類の書体も独自のものである。

なお、花文字風のものは細部を見ていくとさらに分類が可能になるかもしれない。

播隆が六字名号を授与し始めたのは、播隆が飛騨に現れた文政四年以降のことと思われる。現存する名号碑、あるいは名号軸に記されている年号でもっとも古いものは岐阜県七宗町神渕寺洞にある文政五年

（一八二一）七月の銘がある名号碑である。

播隆は文政四年、飛騨の高山市上宝町にある「杓子の岩屋」で修行、同六年に笠ヶ岳再興を成し、同七年にも笠ヶ岳に登拝している。この間、修行とともに杓子の岩屋や本覚寺を中心に教化活動を行なっている。

上宝町の森下良一さんの家に伝わる播隆のものだと言われる名号軸は、花文字風でも梵字風でもない書体であり、花押も最初期のものである。初めてこの書体を確認した時、伝わってきた状況から播隆のものだとは思われたが、研究の課題とした。

その後、岐阜県飛騨市神岡町中山の東林寺からこれと同じ書体の大きな名号軸が出てきた。花押も同じものであった。そこで上宝町岩井戸にある無銘の名号碑の書体を再度調べてみたところ、森下家のものと同一の書体、花押であった。

三つとも年号が記されてはいないが、状況から推測すれば、播隆が飛騨に現れた文政四年頃の、名号としては最初期のものだと推考できる。この飛騨に残る三つの書体を「最初期体」と呼称する。

七宗町寺洞の名号碑に次いで古いのが、七宗町神渕杉洞の山中の岩屋にある名号碑、文政六年一月二十二日である。この二つの名号碑はそれぞれ花文字風、梵字風のタイプに属するものだが、どことなく異風の書体であり、書体が定まる前の流動的なもののようであり、花押も最初期のものである。

現在のところ寺洞の名号碑の書体の例はこれ一基のみなので区分はせず、花文字風の特徴があるので、その年号から「花文字風の初期体」として位置づける。また、杉洞の名号碑も同様に、その梵字風の特徴と年号から「梵字風の初期体」と呼称する。

岐阜県美濃加茂市の祐泉寺にある二基の名号碑のうちの一つ、天保七年（一八三六）九月と刻まれたものは、署名、花押とともに播隆のそれなのだが、なぜか播隆独自の書体ではなく、普通の楷書体で書かれている。このような例は他にはなく、建立年号が播隆存世当時のものなので播隆名号碑として扱い、一基のみだが「異体」（楷書体）として区分する。

以上、八十三基の名号碑、約百三十幅ほどの名号軸、それらの書体を大別して二つのタイプ「花文字風」「梵字風」に分け、「異体」を加えてＡＢＣＤの四つに区分した。

Ａ「最初期体」…高山市上宝町森下家蔵の名号軸、同町岩井戸の名

A
最初期体名号軸（岐阜県高山市上宝町　森下家蔵）

B
花文字風初期体名号碑（岐阜県七宗町神渕寺洞）

C
梵字風初期体名号碑（岐阜県七宗町神渕杉洞）

D
異体（楷書体）名号碑（岐阜県美濃加茂市太田本町　祐泉寺）

号碑、神岡町東林寺の名号軸

B「花文字風」（初期体…岐阜県七宗町神渕寺洞の名号碑）

C「梵字風」（初期体…岐阜県七宗町神渕杉洞の名号碑）

D「異体」（楷書体）…岐阜県美濃加茂市祐泉寺の名号碑（天保七年九月）

六字名号の授与

南無阿弥陀仏の六字名号を広く民衆に授与して歩くこと。すなわち賦《ふ》算《さん》という、踊り念仏とともに全国を遊行した時宗の一遍の布教方法と同じように、播隆も版木で刷った名号札を集まった人々に配布した。名号札ではないが、播隆研究者が念仏起請文と呼んでいる木版刷りのものが二点残されている。それは播隆が伊吹山で修行しているとき参集した人々に配ったものだという。

また、一心寺には播隆の名体不離尊像の版木が現存している。岐阜県各務原市の逸話には、播隆が刷ると一度に百枚刷れたという話が伝わっていた。これらのことから播隆が南無阿弥陀仏の名号を広く当時の人々に与えていたことがわかる。

現在、筆者が現物を確認した名号軸は約百三十点あまりである。

花文字風と梵字風

八十三基ある名号碑のうち、Bの花文字風は二十四基、Cの梵字風は五十七基であった。年代別の表を作ってみたが、この表から書体の変遷は読み取れず、同時期に二つの書体を使っていたと思われる。もちろん、名号碑の建立年号が播隆の滞在時をそのまま示すものではないし、その名号が書かれた年月を表すものではない。

徳本流を感じさせる花文字風から、次第に独自性を発揮して梵字風の書体を確立したのでないかと考えたこともあったが、この表からも調査の途上からも、二つの書体が同時に使われ、なにかの意味をもって使い分けられていたと思われる。

名号軸に年号が記されているものは少ない。ちなみに、名号軸に年号が裏書されているもの、箱書に年号があるものを列記する。

文政九年一月…B　岐阜県揖斐川町清水「川村義久」
文政九年十一月…C　愛知県犬山市「荒井組念仏講」

文政十年九月…Ｃ　岐阜県岐阜市「正道院」
文政十四年（天保二年）…Ｃ　愛知県江南市「草井中野組観音講」
天保二年…Ｃ　岐阜県各務原市「長平観音講」
天保二年…Ｃ　富山県富山市「中村俊久」
天保四年六月…Ｂ　岐阜県可児市「福田寺」
天保四年十一月…Ｃ　岐阜県美濃加茂市「牧野下東念仏講」
天保六年…Ｂ　長野県松本市「横山俊一郎」
天保八年六月…Ｃ　愛知県一宮市「地蔵寺」
天保九年発…Ｂ　岐阜県関市「東内輪念仏講」

名号軸の一割にも満たないものなので参考にはならないかもしれないが、やはり二つの書体を使い分けていたと言えそうである。ある時期から書体が変わったとは考えられない。

では、どのように使い分けていたのであろうか。名号碑に使う野外用と念仏講に使う室内用、講中などの集団に授与するものと個人に与えるもの、あるいは書くときに使用した筆の種類、播隆のその時々の心的要因、さらには梵字風の南の字が槍ヶ岳の穂先のようなので、槍ヶ岳登拝に関連したときは梵字風にしたとか、推測の域を脱しない。

名号碑一覧や本稿の名号軸の年号から推考していくと二つの書体は混在しているのだが、播隆の信仰信念の変遷とともにその書体も変化したのではないか。

徳本行者全集の『講中名号記』によれば、百人以上の講中には大幅名号、五十人以上は中幅名号、五十人未満は小幅名号というように、徳本の場合は講員の数によって授与される名号の大きさが定められていた。あるいは、日課念仏の数によっても授与される名号の大きさが違っていたという。

愛知県愛西市赤目町の播隆念仏講で聞いた伝承によれば、カンナ屑で播隆が名号を書いたというが、ここの名号軸は梵字風の書体であった。

播隆が残した各種の墨跡には文字の形象などに創意が見られ、播隆の想いが感じられる。厳しく戒律を守りながら山岳修行を勤めた念仏の行者播隆は、里にあっては熱心に民衆の教化に努めた。

播隆の花押

播隆の名号碑や名号軸には、各号の左下に署名、その下に花押がある

播隆の署名と花押
（長野県松本市青島　個人蔵）

のが一般的である。一部の名号碑に署名、花押がないものがあるが、名号軸にはそのような例はなかったと思う。

名号以外の墨跡なども同様であるが、歌軸などには署名の下に花押の代わりに書とあるものもある。また､時には判のあるものもある。なお、名号軸以外の播隆の墨跡は歌軸など五十点ほどが確認されている。

播隆が使った花押は現在のところ一種類だけである。花押とは自分が発給したものであることを証明するために書いた文字が図案化されたもので、自署に代わるものだが、江戸時代の頃には署名の下に合わせて使われている。書き判なども呼んでいる。

花押が自筆であるとは限らず、代理の者が記すこともあるらしいが、花押の主が発給したものに違いないということだ。よく調査先でこれは播隆自筆、直筆ですかと質問されるが、偽物、贋作でない限り、播隆の花押があれば、播隆が発給したもの、播隆のものだと言って良い。

播隆の花押が何を表したものなのか、よく言われるような文字の図案化したものなのか、今のところどう解釈してよいのか分からない。

徳本の花押は鬼と心の文字を図案化したものらしい。円空の花押も心を用いたといわれているし、円空仏で名高い飛騨の千光寺には一心とい

各号の下にある播隆の署名と花押
（長野県松本市　個人蔵）

う円空の墨跡が残されている。これは高山市上宝町の本覚寺にあったものを、播隆の笠ヶ岳再興を支えた本覚寺の椿宗が千光寺に贈ったものである。

木食行者の花押も心、あるいは一心と読める。木食行者らの頂点とされる弾誓も心、一心の花押を使っており、捨世派、徳本系統にとっても一心はよく見かける根幹をなす文字である。

なお、八十三基の名号碑のうち、「願主・隆観」とある数基は願主・隆観が名号の左下にあるため、播隆の署名、押印は右下にある。

播隆の署名は現代の私たちでも判読できるしっかりとした楷書で書かれている。筆の運びも定まっており、おやっと引っかかるものはなかった。独特な名号、花押の中で署名の部分だけはいつも判で押したような印象を受ける。それは播隆の生真面目な性格を一瞬垣間見るようである。

異形の花押

これまで見てきた中で異形の花押が十点ほどあった。

1　富山県富山市の生家・中村家蔵墨彩の肖像画（複製）

2　名号・最初期体…岐阜県高山市上宝町・森下家蔵の名号軸
3　名号・最初期体…岐阜県飛騨市神岡町・東林寺蔵の名号軸
4　名号・最初期体…岐阜県高山市上宝町・岩井戸の名号碑
5　名号・花文字風の初期体…岐阜県七宗町神渕寺洞の名号碑（文政五年七月）
6　名号・梵字風の初期体…岐阜県七宗町神渕杉洞の名号碑（文政六年一月）
7　岐阜県高山市上宝町・本覚寺蔵『笠ヶ岳再興記』（文政六年八月）
8　岐阜県岐阜市芥見の名号碑（天保三年）
9　岐阜県岐阜市溝口の名号碑（天保十三年二月）
10　滋賀県米原市志賀谷・高木家蔵の名号軸

1は、いつ頃のものか不詳だが、これだけ他の九つの異形と異質である。また、他の肖像の顔と比べると一番若いお顔である。なお現物は行方不明になっている。

2・3・4は、書体の最初期の頃の花押なので、推測ではあるが文政四、五年頃のものと思われる。花押全体がぎこちなく感じられ、左の一筆がない。花押がしっかりと定まるまでの流動的な、模索期のものではないだろうか。

5・6は、書体が2・3・4に次いで初期のものと思われる。花押は2・3・4と同じである。ただ、6の名号碑は写真撮影が困難で、拓本によって判断した。

7は、播隆ではなく本覚寺の椿宗が代筆したのではないかと感じられる。内容、状況から『再興記』は播隆作のものだが、筆は椿宗のように思われた。しかし、たとえ筆が椿宗であろうと『再興記』は播隆作のものである。花押は形に欠けたところはないのだが雰囲気が違う。

8・9・10は、右の一筆がない。最初、10の名号軸を見て疑問に感じたが、書体など播隆そのものであるので、出てきた場所、状況からして播隆のものだと思われた。その後、8と9にも同様の花押を見つけた。花押に書き忘れがあれば、花押の意味がなくなってしまう。

碑は石工が彫り忘れたとは考えられない。職人が花押を彫り忘れるはずがない。一筆ない花押、どう解釈すればいいのだろうか。まだこのような例があるのかもしれない。

第四章　播隆探訪で出会った聖たち

「聖」とは

聖《ひじり》とは、名僧、高僧と呼ばれる宗教者ではなく、半僧半俗の民間の宗教者の総称である。国家、宗派寺院による官僧に対しての私度僧、あるいは優婆塞、民間の修行者、修験者といった庶民信仰の担い手であった宗教者である。直接民衆の中にわけ入り、庶民の幸せのために生きた宗教者全般をいう。明確な定義は難しいが、要は民とともに歩んだ信仰者のことなのである。

それはお札を配って歩いた御師であったり、加持祈祷、施薬を行なう山伏、修験者であったり、民間を渡り歩く勧進僧、念仏僧であったりする。たとえば善光寺聖、高野聖と呼ばれた人たちなど、多くは無名の民間宗教者であった。それらの言わば無名戦士ともいうべき草の中の聖たち、宗教史に書き遺されることなく埋もれていった人々の存在である。

聖とは日知りとも言われ、それは日を知る人、天文自然に通じ、日の吉兆を占う者、神聖な火を管理する者といった意味もある。

隠世、苦行、遊行などの特徴があり、山林山岳修行での呪術性、験力、廻国遊行による勧進、唱導性、宗教的善行による作善、あるいは世俗性、集団性などがみられる。

聖の系譜をたどれば古くは菩薩と呼ばれた行基、弘法大師の空海、修験の祖・役行者、市聖の念仏者・空也、捨聖の一遍などが浮かびあがり、それらの人のもとには無数の聖たちが存在していたのである。

筆者が播隆探訪の折々に出会った聖たちは近世（江戸時代）の聖たちであるが、もとをたどればそれらの法脈に連なっていくのであろう。

狭義的にみれば播隆は浄土宗の僧侶であるが、その生涯の活動を大きくみればまさに聖、民衆とともに生きた念仏聖、庶民のお坊さんであった。播隆が生きた時代に、播隆だけでなく播隆と同じ心で民衆と接していた多くの聖たちがいた。

信州から飛騨へ

長野県松本市の島々から徳本峠を越えて上高地へ抜ける道はよく知られた古道であり、山岳史においても貴重なルートである。地図を広げると飛州新道と隣合せに並び、徳本峠から眺望する穂高連峰の岩峰に多く

徳本峠小屋　松本市島々から上高地に至る途中にある。

の登山者が称賛のことばを述べている。

徳本と書いてトクゴウと読み、その由来は定かでないようだが、その峠の名前から近世聖の一人である徳本行者を連想するものであろう。

ある年、飛州新道探訪をかねて島々から徳本峠を経て上高地に抜け、焼岳の脇から中尾峠を越えて岐阜県高山市上宝町の中尾温泉に抜ける古道を歩いた。上宝町から中尾へのルートは昔の鎌倉街道ともいわれ、飛州新道の飛騨側のルートはこの古道でもあった。

バス停・島々宿の近く、徳本峠入口と書かれた大きな標識には上高地まで二十キロとあり、島々の谷川にそって道は続いている。

入口のそばにある島々橋のたもとに墓地があり、観音堂があった。その一角には数多くの石碑、石仏などがあり、ひときわ大きな徳本名号碑があった。鬼と心の字を図案化したような徳本の特徴ある花押もくっきりと、「南無阿弥陀仏」の六字の名号が目に飛び込んできた。碑には天保十一年（一八四〇）七月と刻まれていた。

同年同月、播隆は松本の玄向寺で病に伏していた。そんな頃、島々では徳本の名号碑が建立されていたのであった。ようやく松本藩の許可がおり、美濃から運ばれてきた「善の綱」（鉄鎖）が槍の穂先にかけられるという時に、その近くの山里では播隆ではなく徳本の碑が建てられていたのである。

松本周辺や、その一帯は播隆の影響下であったと勝手に思い込んでいた筆者に、その徳本の碑はそうではないことを示唆してくれた。播隆も時代の一点景なのだと教えてくれた。

墓地の石造物群の中には妙哲行者、あるいは徳心という名前が刻まれたものもあり、徳心は里人のために土中入定した行者だという。

駿河、相模の聖たち

駿河、相模にも唯念を始め近世の聖たちの足跡が数多く遺っている。弾誓、そして弾誓二世の但唱、義賢、妙心、徳本、その弟子・徳因、今弘法と称された観正など木食聖あるいは念仏聖といった民間宗教者の群像、路傍の石仏がある。この地方のように、決して江戸時代が仏教の空白時代ではなかったことを静かに物語っているのである。

無名の聖たち

播隆、円空、木喰といった著名な聖たち（資料編「江戸時代の聖たち」参照）

行人塚（長野県安曇野市穂高町有明）

の法灯は、寺社、念仏講、あるいは名号碑などによって地域に根付き、今日まで敬承されてきた。

しかし、今日まで、伝承などでしか痕跡を見いだせない聖たちがいる。例えば、岐阜県高山市上宝町の一重ケ根の下野家の墓地には、同家の先祖にあたる人物が自分の死を察して、「存命中は鉦を叩き念仏を唱えるが、絶えた時は成仏したと思え」と言い残し干柿を持って石棺または土穴に入ったと伝承がある入寂窟がある。

安曇野市立石には、祠の中に「奉納大乗妙典日本国供養」と刻まれた石碑がある。兼禅という聖が入定というが定かでない。しかし、昭和七年夏の縁日には、僧侶が拝み、兼禅饅頭が売りに出され、浪曲師を招き相撲大会も開催されており、さらに松本から芸者たちが自動車で参拝したというから花柳界で人気があったことが分かろう。

長野県安曇野市の有明と嵩下に行人塚があるが、有明では田に囲まれた中に三基の石碑があり、その真ん中のものは行人塚と刻まれていた。また嵩下の行人塚は行人塚、嵩下村と刻まれている。入定した行者は分からないが、土の中で鉦を叩き念仏を唱え二十一日目に、その鉦が途絶えたという。

さらに同じ安曇野市の等々力の墓地には弘範という僧侶が死期を悟って入定したという伝承の墓がある。

これら行人塚などと呼ばれている信濃などの聖の入定遺跡に、庶民の救済、幸せを願って生きながら亡くなっていった無名の聖たちの心が眠っているようである。

全国各地においても、このように無数の無名の聖たちの足跡が多くあるに違いない。また、無名となってしまった聖たちの存在と比較しながら播隆の足跡を確かめるのも大切なことなのである。

終　章　再び播隆

里の播隆は庶民とともに

「山の播隆」はおのれに厳しい修行僧であったが、けっして民衆から遊離した僧ではなかった。里の播隆は念仏講などの教化によって常に民衆と同じ地平にあった。

聖の本質が庶民とともに生きるお坊さんであるように、播隆は独りただ山に入ったのではなく、人々を山へと導いたのである。

播隆の説得力はおのれに対する行の厳しさからくるもので、庶民はことばよりも行の厳しさに納得していた。播隆には念仏とともに登拝信仰という山があり、さらにはいつも庶民と歩む、里の播隆の姿があった。

今日まで続く播隆の法灯

捨世派の行者、民間宗教者といわれる聖たちの魅力は個人の資質、人格によるところが大きく、単独、単立性が強く、一代限りで終わることが多いようである。

播隆の場合はその弟子たちが播隆没後も活動を続けていた。ただ、槍ヶ岳の登拝信仰は廃れていったようで、播隆がめざした槍ヶ岳念仏講は組織を形成するまでには至らなかった。

しかし、一心寺（岐阜県揖斐川町）の千人講の規模は小さくなったが現在も連綿と続いており、槍ヶ岳開山という山の播隆の面影はないが、一心寺のお彼岸の行事などで近在の人たちに親しまれており、里の播隆として播隆信仰が継続されている。

このように、美濃、尾張には播隆念仏講が数は少なくなったが継承されており、里の播隆の法灯は今も生きているのである。

史料編

江戸時代の聖たち

円空　美濃出身、寛永九年（一六三二）～元禄八年（一六九五）

鉈ばつりと呼ばれる独特の彫法でたちまちのうちに仏を作り出す円空は、直接民衆の中で民衆のために作仏し遊行していた。明らかに都の仏師とは違う聖の仏師、作仏聖《さぶつひじり》であった。

円空仏は古寺名刹よりも、多くは小さな堂宇、納屋、民家などにあり、まさに聖そのもので、「円空さん」と親しく呼ばれていたのであった。

円空が修行した岐阜県と滋賀県の県境にある伊吹山や岐阜県美濃市の片知山、岐阜県七宗町の山中、岐阜県高山市上宝町の杓子の岩屋などを訪ねると、そこには播隆の足跡があった。播隆の『迦多賀嶽再興記』には円空の事跡について記されており、播隆開山寺院の一心寺（岐阜県揖斐川町）には播隆の念持仏として円空仏が遺されており、円空の里といわれている美濃市片知の民家には播隆の託鉢椀が円空にもらったものとして伝えられている。

播隆と円空が百年の時空を越えて重なっていた。円空探訪で出会ったのが播隆であった。

岐阜県美濃市の来昌寺では円空仏に、高山市丹生川町の千光寺では高山市上宝町の本覚寺の椿宗から譲られた円空筆「一心」の墨跡が、信濃では松本市の浄林寺と上田市の馬背神社で新たに円空仏が確認できた。また、高山と松本を結ぶ野麦街道沿い、現在の一五八号線沿いの波田町(旧真光寺跡堂)で確認された円空仏によって、それまで空白であった円空の関東遊行のルート解明に一つの示唆を与えた。また、信濃における作仏集団ともいえる弾誓《たんせい》一派の存在によって長野県内における円空仏の少なさが理解できる。

浄林寺で確認した円空仏の底部には「弾誓上人作　潮音・花押」(弾誓の弾の字が不鮮明であり、潮音の潮は長の当て字と思われる)と墨書されており、ここでは円空が無視されていた。信濃では作仏聖・弾誓派の活躍で円空仏の需要がなかったのであろう。多くの場合、円空仏だけがあるのではなくその隣には聖名の知れぬ木食仏がいっしょにあるのであった。

円空は乗鞍、笠ケ岳には登っており、その他の飛騨山脈の峰々にも登っているようである。その山岳修行は当時としては超人的なものであり、

徳本名号碑
（長野県松本市新村　専称寺）

修験者として円空は第一級の人物であった。

徳本　紀伊出身、宝暦八年（一七五八）～文政元年（一八一八）

徳本名号碑は信濃に多く見られる。播隆ゆかりの寺院である岐阜県高山市の大雄寺にはひときわ大きな名号碑がある。岐阜県瑞穂市の即心院は徳本ゆかりのお寺で、徳本名号軸のほかに米粒に書かれた極小の名号があるという。

以前、岐阜市溝口の古老から念仏教化に歩く徳本と播隆が溝口で出会い、こちらは徳本、あちらは播隆などと両者が語り合ったという伝承を聞かせてもらった。現実に両者が溝口で出会うことはありえず、後世作られた話ではあろうが民間伝承としては興味深い。

徳本が巡錫するときは十名程度のお付きが同伴していたようである。ちなみに、播隆も後年になると五名の弟子がいっしょに歩くようになった。

念仏の行者であった徳本が事務的な仕事をこなすことは不可能であり、徳本のまわりに事務方の弟子がついてお世話をしていたのであろう。参集した人の数も驚異的な記述が多い。

江戸と信濃で小林一茶は徳本のもとに参詣しており、徳本から十念を受け、その説法も聞き、雨のごとくに投げられる賽銭に驚いている。（『徳本行者全集』永井義憲）

徳本は自修自得の念仏行者であり、播隆のように檀林に入って教学を学ぶこともなく、紀州の山林で念仏修行に励み、法然の一枚起請文をよりどころに独自の境地に達した。後年、江戸に出た徳本は庶民だけではなく、武士や女性にも人気があり、近畿、中部、関東とその教化の範囲は広く、流行神のごとくに活況を呈した。

徳本は※浄土宗捨世派の行者といわれるのだが、その修行形態、悟りからは浄土門というよりも聖道門に近く、自身が阿弥陀そのものに同化し念仏化しているところから、他力なのだろうが自力のようで、禅的な雰囲気も漂う。

播隆は念仏を通じて阿弥陀と対面するのであって自身が阿弥陀と同化するようなことはなく、聖として徳本や弾誓と似てはいるが異質のものを感じる。庶民の求めに応じてあらゆる神仏を彫った円空は天台宗寺門派の僧になる。庶民にとっても円空にとっても僧籍は処世上のことだけで、作仏聖円空は宗派を超えたところで民衆と接していたが、徳本は何々

※**浄土宗捨世派**　世俗を離れた隠遁的専修念仏主義の一派。

徳住名号碑（岐阜県高山市上宝町平瀬）

宗の上人様ではなく、死ぬまでただ念仏の行者徳本であった。

徳住　三河出身、～天保十三年（一八四二）

徳本の高弟。徳住は三河の大浜で生まれ、後に中山道本庄宿（埼玉県本庄市）の円信寺に住み、徳本が信濃に出向いたときにその弟子となり徳住となったという。

信濃唐沢（長野県諏訪市）の阿弥陀寺にも居たようで、山内の岩壁に巨大な磨崖名号が師の徳本と並んで刻まれている。特に尾張、三河に信者が多く、岡崎市の荒井山九品院を開山し念仏道場とした。その他に大阪市の浪華源正寺、名古屋市光昭院などを中興した。その日常は一日一食で常に座して横にならず、念仏を事とする念仏行者であった。往生のようすは、合掌して西方に向かい高声念仏の声もろともに禅定に入るがごとくであったという。

高山市上宝町平瀬の県道の脇に名号碑が建っている。二メートル以上もある笠付きの角柱で、天保の飢饉の供養塔という。天保十三年二月と刻まれ名号は徳住であった。徳住は同年八月二十三日に死去しているので、生前に建立されたことになる。この地区の田谷にもう一基徳住名号碑があるが年号は不詳である。

愛知県豊田市の祐蔵寺では毎月五日に徳住講が勤められており、そこでは徳住と播隆の名号軸が並んで掲げられる。昔は民家で輪番で勤められていたという。

近くの岡崎市には徳住開山の荒井山九品院がある。住職の話では播隆との関連はなく、行者は単独性が強く、同時代を生きた播隆と徳住が交流していたとは考えられないという。

愛知県大府市の専唱院に播隆名号軸の他に徳住と聖山の名号軸がある。三幅とも立派な大振りの名号軸である。この地方では徳本、徳住信仰が盛んであったという。徳住名号軸の裏書きには文政三年とあり、墓地にあった徳本碑には文政七年とあった。ちょうど播隆の笠ケ岳再興の時期と重なる。

槍ケ岳登拝の登山口になる長野県安曇野市の浄心寺には、軸の本紙だけでも一九二×五八センチという徳住の大名号軸がある。播隆と徳住はほぼ同じ時代を生きた聖である。

妙心

美濃出身、天明元年（一七八一）～文化十四年（一八一七）

岐阜県揖斐川町の播隆開山一心寺から一山越えると、西国巡礼第三十三番最後の札所華厳寺があり、その近くにある美濃の正倉院といわれている横蔵寺の境内にミイラ堂と呼ばれている舎利堂があり即身仏（ミイラ）が安置されているが、この即身仏が地元で生まれた妙心なのである。

妙心は諸国の寺院仏跡を巡礼し信濃の善光寺で仏門に入り、富士山の行者として有名である。生食を断ち少量の蕎麦粉を清水でといたものしか食べなかったといわれているので木食戒の行者なのであろう。

三十七歳のときに断食称名の座禅入定を果たした。おのれの身体から徐々に水分を抜いてゆく入定の行は並大抵な修行ではなく、その信仰信念は強靭なものである。播隆と時代が重なる妙心行者を、播隆は知っていたのであろうか。

利専　〜天保年間（一八三〇・四四）

どこで、いつ生まれたか不明である。

岐阜県坂祝町取組の国道二一号線沿いに、碑高一二八センチの天保十二年建立の利専の名号碑がある。また、この地区の取組念仏講では利専の名号軸が掲げられて勤められているが、利専については残された名号碑、名号軸以外はなにもわからない。

木食　甲斐出身、享保三年（一七一八）～文化七年（一八一〇）

ここでいう木食とは木食行道（後に木食五行菩薩、木食明満仙人と改名）のことである。

木食とは木食草衣の字のごとくに自然にあるものを食することで、一般には肉類や五穀（厳しくは十穀断ちとも）などを食べずに木の実などを食べることで、火食をさけたり、あるいは塩分をさけたりする。その細かな定め、約束事は法系、時代などによって異なるようで定かではない。木食戒を修する行者はたんに食に関することだけでなく他の誓願もある。木食行者は行道だけではなく多数存在するが、微笑仏といわれる木食仏を彫った行道をさして木食と呼ぶことが多い。

木食は作仏聖ということでよく円空と対比して語られることが多い。人によっては木食が作仏を始めたきっかけが遊行先の蝦夷（北海道）で円空仏を見てからだとの推察もある。木食の造仏開始時期が明確ではないが、初期像が北海道に残されている木食仏とすれば、木食六十歳以後の発願となる。平成十六年、円空研究者の小島悌次氏の一行が北海道の円空と木食を訪ねた折、それまで木食仏と言われていたものが背銘の解読から白道（木食の弟子）の作と判明した。そうなると他の木食仏も見直しが必要となってくるだろう。

九十三歳まで生きた木食の日本廻国修行、六十歳を過ぎてから始めたと思われる造仏活動のエネルギーは驚異的である。

二十二歳で出家、四十五歳のときに木食戒を受けて木食行道となり、なんと五十六歳から北海道から九州まで文字通りの日本廻国修行に旅立つのである。

円空の足跡は今のところ北海道から近畿まで確認されており、中国、四国、九州への足跡は不詳である。その間に作仏一千体の大願を果たし、その後は二千体造仏に向かったようである。円空よりも手間暇のかかる造仏である木食仏は現在約六百体余りが確認されているという。

木食の、信仰上からの一所不在の放浪性から、亡くなったことが判明したのは生家に届いた笈箱の中にあった紙位牌からであった。木食の信仰をたどれば、木食戒を受けて行道を名のり、九州の日向で国分寺を苦労して再興してから五行菩薩を自ら名のり、丹波の清源寺で十六羅漢作仏中に霊夢によって明満仙人と名のったように、行道から菩薩に、そしてあの微笑仏のように仙人となっていくのであった。

木食も仏像の他に多数の歌を遺している。五百数十首の和歌というよりも道歌である。

身を捨つる身はなきものと思ふ身は天一自在うたがひもなし
みな人の心をまるくまん丸にどこかしこも丸くまん丸
旦那さま氏も系図もいらぬものおまえもおれも即生菩堤
仏法にこりかたまるもの弥陀めにきけば嘘のかたまり
念仏に声をからせど音もなし弥陀と釈迦とは昼寝なりけり
木食も悟りのまねの阿呆ものよくよくみれば馬鹿の人間
六道をつくしてみれば何やらむ仏も鬼も心なりけり
木食に皆だまされてきてみれば仏法僧の浄土なりけり

白道　甲斐出身、宝暦五年（一七五五）～文政八年（一八二五）

木食の弟子に同じ甲斐の白道がいる。木食の旅の記録に同行していた弟子の記述があり、それが白道なのか他の誰かなのかはわからないが、時には弟子がいっしょに廻国していたようだ。はっきりとわかっているのが白道である。

白道は幼少のころ父に連れられて廻国修行の旅に出、七歳にして旅先で父を亡くす。なにか家の事情を感じさせるが、若くして白道は仏道を志した。十九歳のときに木食と出会ったようで、その後の経過は定かではないが、木食が蝦夷（北海道）に渡ったときには同行しており、木食ともどもその初期像を刻んだようである。作仏の行が師の木食の影響によるのか定かではないが、白道仏は甲斐を中心に約二百体が確認されているという。

木食僧の白道も木食ほどではないが廻国遊行の道を歩み、後年の二十年ほどは鳥沢（山梨県大月市）の上人屋敷に滞錫し作仏に勤め、文政八年七十一歳にて入寂した。晩年の木食が白道のもとに身を寄せていたのではないかとも言われている。

弾誓　尾張出身、天文二十年（一五五一）～慶長十八年（一六一三）

木食行者を語るとき弾誓（宗門ではたんぜいと呼称。だんせいとも、たんせいとも呼んでいる）を語らない訳にはいかない。真言宗高野山の僧で安土桃山時代に活動した木食応其を木食僧の始祖と言う場合があるが、中央の権力者とのつながりが濃い応其よりも聖として民衆により近

弾誓寺（長野県大町市）

い側にいて同時代を生きたのが弾誓である。現在では一般的に弾誓を浄土宗捨世派とするが、その事跡から弾誓派として独立した宗派とするほうが妥当ではないかとの声も聞く。弾誓を祖とする作仏聖、木食行者の法脈があったという。信濃の聖を語るには先ず弾誓を語らなければならない。

弾誓が開山した阿弥陀寺（長野県諏訪市）は多くの念仏聖、行者が修行の場とし、諏訪の人々の霊場、参り場所として宗派を超えて慕われている。参道の脇に弾誓が爪で彫ったという弾誓上人爪彫御名号の岩があり、さらに進むと岸壁に巨大な徳本と徳住の磨崖名号がある。

弾誓は若い頃の二十年間を美濃武儀の山中の草庵で修行したといわれている。円空研究者の池田勇次氏によって岐阜県関市下之保の阿弥陀寺に「弾誓三幅対」があることが確認され、その他の状況も含めて武儀の山中を阿弥陀寺とされた。

弾誓はその後近江、京都、摂津、熊野、播磨を経て佐渡に渡る。この佐渡での修行中に弾誓は五社の善神から神道の奥義を授かり、さらに弥陀の尊頭を授かったという。さらに佐渡から信州の虫蔵山、大町、松本、諏訪に至り、唐沢の阿弥陀寺、飯田の阿弥陀寺、大町の弾誓寺、松本の念来寺、百瀬の昌念寺、雲照院などの開基、開山となって念仏教化した。また江戸から相模においては塔の峰阿弥陀寺、一の沢浄発願寺を開き、その後京都に向かい古知谷において端座合掌のまま入寂した。阿弥陀如来の化現として慕われた弾誓は授与した名号四百万とまで言われた念仏聖の聖人であった。

弾誓を祖とする作仏聖の法脈には優れた弟子たちがいた。それは但唱、長音、閑唱、空誉、明阿、山居とつづく系譜、弾誓一派、弾誓教団ともいうべき作仏集団である。

山居　信濃出身、明暦元年（一六五五）～享保九年（一七二四）

山居の法名は定誉故信法阿、弾誓六世木食山居、あるいは故信とも言われる。山居は一千体造仏の後、さらに一万体造仏を誓願しその大願を成就する。信濃では山居仏が庶民の生活の中にとけこんでいたという。

山居は十三歳のときに子守りをしていて誤って女児を井戸に落として死なせ、それがもとで仏門に入り念来寺の明阿の弟子となった。しかし、明治初年の廃仏毀釈により長野県松本市清水にあった念来寺は廃寺となり、現在、その場所には東本願寺派の妙勝寺が建っている。その寺の傍

妙勝寺に残る念来寺跡の鐘楼
（長野県松本市）

らの立派な鐘楼は念来寺時代のものである。

この念来寺は弾誓を開基、弾誓三世の長音が開山した由緒あるお寺であった。山居はここで修行の後、長野県小川村の虫蔵山に籠もって木食草衣の厳しい行に入った。虫蔵山は信濃の木食聖のメッカともいうべき山である。

そして小川村の高山寺三重塔を再建、後には大町市の若一王子神社の三重塔も再建した。勧進聖として山居の面目躍如たるものがある。虫蔵山での修行、万体仏の成就の後、下山した山居は弾誓寺（大町市）に入る。弾誓寺は開基が弾誓、開山が長音、弾誓はここに、何人かで交代しながら念仏を続ける常念仏の道場を設けた。

七十歳になった山居は弾誓寺観音堂の下に穴を掘り、鉦を叩き念仏を唱えながら土中入定。念仏が消え、その死を知らせる鐘の音が響きわたると大町の人々は涙を流して合掌したという。

しかし、弾誓一派の活躍は弾誓六世山居の没後次第に影をひそめていったようである。

音界　信濃出身、～文政年間（一八〇四・一八）～

享保八年（一七二三）に書かれた『有明開山略記』によれば、信濃の有明山に初めて登ったのは宥快《ゆうかい》という行者が享保六年に里人ら十七名と登ったのが最初らしい。

それから百年ほどして信濃善光寺の音界が文政八年に馬羅尾口から講中の人や里人らとともに集団で登っている。音界は有明山に十一面観音、大日如来、不動明王などを勧請しようとしたが有明山社から拒否された。この問題は江戸の寺社奉行所の裁定をあおぐことになる。

有明山社の言い分は、有明山は往古より開けた山で頂上には有明権現が鎮座し長年にわたり奉仕してきたもので、今さら開山などというのはおかしいというものであった。

音界も有明山社のことは充分承知していたのだろうが、仏者の音界にとっては神道の神様では開山にならなかったのであろう。神仏習合で神と仏が仲良く鎮座してもいいのかもしれないが、山社側としては今さら開山などと言って仏を勧請されるのは納得いかなかったのである。

江戸での取り調べは文政九年に始まり、七か月かかって翌年に裁定が下る。その結果は音界の追放であった。

開山とは初登頂を言うのではなく、おのれの信奉する神仏を山頂に勧請するなどの信仰的な意義を伴う行為であって、ただ山頂に最初の足跡をしるすことではない。音界にとってたとえ山麓に山社があろうが、すでに人が登っていようが、有明山はまだ開かれていない山なのであった。

修那羅大天武　越後出身、寛政七年（一七九五）～明治五年（一八七二）

『修那羅大天武一代記』によれば、大天武《だいてんむ》は寛政七年に越後に生まれ、幼くして廻国遊行に出、およそ六十年のあいだ各地の霊場で修行を積み、安政二年に信濃安坂村（長野県筑北村）にやってきた。

大天武にたいする里人の信望は篤く、やがて修那羅峠に安宮神社が創建された。のち神社の裏手に数百という修那羅の石仏群がたち並ぶようになっていった。明治五年に死ぬまで晩年の十七年にわたる布教の成果がこれらの石仏であった。修那羅大天武が死去して後にも石仏は増え続けて現在の状況になったのである。

大天武は真言系の行者という説があるという。

行人様の急須（長野県安曇野市）

根誉　～寛政八年（一七九六）

急須上人、行人様と呼ばれている。寛政八年二月三日、死期を自覚した根誉は墓穴を掘り、竹筒を立てて「生きているうちは急須でお茶を注いでくれ」と言い残して生き埋めにとなった。そのさい、疣（いぼ）といわれた難治の皮膚患者の病を我が身に移させ、人々の病の治癒を願って入定したという。

のち入定した飼道（長野県安曇野市）に行人様という塚を建立し、急須を供えるようになったという。

善心　～元文四年（一七三九）

行者であった善心は駒ヶ岳登山に出かけるのだがその度に天候が荒れて登頂を果たすことができなかった。あるとき「お山に登ることができたならばこの身を捧げます」と願をかけて登ると無事に登ることができた。しかし、下山した善心はいつしか願をかけた約束を忘れてしまった。

あるとき山の神の声が聞こえてきて善心に約束を果たすように催促した。善心はようやく決心し、念仏の鉦をもって穴の中に入り入定を果たしたという。行者善心を慕う人は今でも墓地にくると善心の入定墓に手を合わせるという。善心が弾誓派につながる聖であったのか、在家にちかい半僧半俗であったのかは不詳である。

長野県下諏訪町東山田の権殿林墓地に入定塚があり、入定善心比丘不二位」の墓碑（元文四年）、南無阿弥陀仏の名号碑、石像など数基の石造物がある。

徳心　信濃出身、寛政年間（一七八九・一八〇一）～幕末

徳心は和田村（長野県松本市）の生まれで名前は春蔵といい、和田村の無極寺で修行し徳心と名のった。安政四年六十七歳のときに橋場の庵に入ったという。徳心の名前から徳本系の人と思われる。

村で病が流行ったとき、徳心がこれを鎮めるために稲核橋際（松本市）の新切で入定したという。安政四年以後の幕末の頃と思われる。

稲核の国道一五八号線沿いに徳心神社がある。神社といっても祠程度のものである。神社の場所は旧野麦峠街道の上の方にあったのが下がって今のところになった。遺骨はなく、御幣が御本尊になっているという。

唯念　肥後出身、寛政三年（一七九一）～明治十三年（一八八〇）

唯念は肥後出身で十六歳のときに徳願寺（千葉県市川市）の弁瑞の弟子となり、師に従って善光寺（北海道有珠）へ。その後諸国を巡って修行を重ね、八王子高尾山で山籠修行、富士山登拝、そして仏縁あって静岡県小山町の上野奥の沢に滞錫、念仏堂（唯念寺）を開いて以後ここを拠点に幕末、明治にかけて念仏教化の生涯を送った。

念仏講の育成、唯念年号碑の建立など里人らとともに歩んだ念仏行者唯念は明治十三年九十歳にて往生した。

なお唯念が出家した徳願寺は播隆が天保十年に修行したお寺で、有珠の善光寺は円空ゆかりのお寺でもある。

唯念名号碑は静岡県御殿場市川島田にある。永原追分の道路沿いに基壇、台座、蓮弁などを含めると三メートル以上もあり、碑高約一七〇センチ、六〇×六〇センチの角柱の三面に名号が深彫りされ、天下泰平・国土安穏と添書が刻まれ、署名と花押がある。

唯念の花押は一心の文字を図案化したものか。造立銘は元治元年（一八六四）三月、町中の往来の要所に設置された名号碑は当時における唯念の社会的影響力を想像させる。

小山町竹之下足柄山・栗の木沢の山中に建つ名号碑は、碑高約四メートルの大名号碑である。小山町上野にある唯念寺は奥の沢に開山された念仏堂が唯念寺となったものだが、関東大震災によって壊滅、その後現在地に移転再興された。四月の祭りには各地の念仏講が参集して念仏の大合唱となる。小山町の生土の乗光寺の道路沿いの参道入口には碑高一五〇センチほどの唯念名号碑がある。

このほかにも唯念の名号碑があり、いったい何基あるのであろうか。数百基、あるいは千基という説もあるが、徳本は数百で千はすこし過大すぎると思うのだが、唯念名号碑は駿河、相模一帯にかなり存在しているのである。

各地の播隆念仏講

【岐阜県】

大船弘法堂念仏講（岐阜県八百津町・大船神社）

毎月第一、第三日曜に念仏講が勤められている。地区の班の輪番で念仏講を勤めているという。お堂には薬師、観音、役行者など色々のものがお祀りしてあり、その中に播隆さんの名号軸がある。集まってみえた人たちに播隆のことを聞いてみたが誰も知らなかった。昼の食事が供えてあり、お念仏が終わるとみんなで会食する。

栄町弘法堂念仏講（岐阜県八百津町・弘法堂）

大船神社の近くにある八百津町栄町の弘法堂にも播隆名号軸がある。毎月二十一日に念仏講が勤められているが、そのとき名号軸は使われてはいない。案内していただいた老婦に堂内を探してもらうと、包装紙につつまれていた名号軸が出てきた。その老婦は播隆のことは知らなかった。名号軸の裏には「女人念仏講中」と記してあった。その昔、名号軸が講のときに使われていたのか否か、確かめることはできなかったが、その可能性があり、播隆念仏講があったのだと思われる。

長平観音講（岐阜県各務原市前渡東町）

月念仏は行なわれていないが、葬式が出ると播隆名号軸をかかげ、百万遍の大数珠を回して念仏講を勤めている。

大庭念仏講（岐阜県御嵩町中）

大庭観音堂（大庭公民館）で勤められている念仏講の軸は播隆の師といわれている見仏の名号軸で、見仏念仏講が御嵩町にあったことが分かる。軸には見仏の署名、花押があり、毎月使用されているせいかかなり傷んでおり、セロハンテープ、ガムテープで補修されていた。

同じ御嵩町の黒仏念仏講と大庭念仏講とは元は一つであったという。一つの念仏講が五つに分れ、その時に仏具なども五つに分けたという。ということは、昔は播隆と見仏の名号軸がいっしょに掲げられていたということになる。

現在のところ、見仏の経歴、足跡がよくわかっておらず、御嵩町内の

大庭念仏講（岐阜県御嵩町）

見仏名号碑は、御嵩町から長野県南木曽町にかけて中山道沿道で確認された見仏名号碑などとともに貴重な史料である。

筆者が訪ねた時は正面に見仏名号軸をかかげ、その前に三具足、お菓子、果物を供えエプロン姿の人など御婦人ばかりが十二人、先達の金子二三さん（八十歳）の木魚、鉦に合わせてお念仏を唱和していた。

内容は「懺悔文（三回）」「お念仏（摂益文のあとにナンマイダーア、ナンマイダ・ナンマイダブッ・ナンマイダ・ナンマイダブッ・ナンマイダを六回、これを三回繰返して念仏は計百八回となる）「延命十句観音経（六回）」「般若心経（三回）」「舎利礼文（三回）」「……陀羅尼（三回）」「普回向（一回）」、約十八分ほどであった。

講の人たちは誰も播隆、見仏のことを知らなかった。近くの講で大数珠を使っているところがあるという。

黒仏念仏講（岐阜県御嵩町中）

ここの念仏講で使われている播隆名号軸は名号の下に播隆肖像が描かれている。軸は「阿弥陀様」と呼ばれており、月の十五日に念仏講が勤められている。現在は女性だけで楽しみでやっているとのことで、昔は

黒仏念仏講（岐阜県御嵩町）

百万遍念仏の大数珠を回し、拍子木、鉦を叩いてやっていたという。

念仏講は栄町集会所で勤められ、正面に名号・肖像の軸を掲げ、その前には香炉、燭台、花器、五目飯、吸い物、和物、お茶、お菓子、果物が供えられ、筆者が訪ねた時には十一人の女性が集まっていた。

先達が木魚を叩き、数名が伏せ鉦を使い、小五条という首からかける袈裟をかけた人が四名で、参加者は手に数珠を、時おり騒音を響かせる車の音の中で和やかに十五分ほど勤められた。

内容は「摂益文・念仏（光明遍照…の摂益文のあとにナンマイダ・ナンマイダアブツ・ナンマイダ…と三十六回の念仏のセットを三回、念仏は計百八回）」「懺悔文（三回）」「般若心経（一回）」「消災妙吉祥神呪（一回）」「舎利礼文（三回）」「延命十句観音経（三回）」と、ここまでは先達の木魚がリードする。

そして最後に「阿弥陀如来浄土和讃（一回）」で、この御詠歌の時は鈴を鳴し鉦を叩く。チリン・チリン・チンとゆったりと詠うのである。ここでは十五夜念仏といっていた。

古屋敷奥組念仏講（岐阜県御嵩町古屋敷）

この辺りでは十五日念仏といって、お念仏を月の十五日に勤めているという。

奥組は八軒で毎月十五日の夜に輪番で念仏講を勤めている。播隆名号軸を掲げて般若心経、念仏を唱える播隆念仏講である。奥組の十五日念仏は、十五夜とはいわず十五日というそうだ。十五夜の日は夜道が明るいので出かけるのに都合がよいが、新暦の現在では夜道の明るさに関係なく月の十五日に行なっている。

東内輪念仏講（岐阜県関市倉知）

安田姓ばかりの十六軒による念仏講、昔は輪番で勤めていたが、戦後から年に一回十二月に勤めるようになった。安田一統は曹洞宗、講の人々は誰も播隆のことを知らない。

筆者が訪ねたのは十二月十一日で、夜八時ごろから念仏講が始まった。十六人（男性十四人、女性二人）が輪になって勤める。

先達だけ仏壇にむかい伏せ鉦を使う。念仏になると大数珠を皆で回しながら、フサ（大きな玉ではなく）のところが回ってくると頭にいただ

東内輪念仏講（岐阜県関市）
念仏を唱えながら大数珠を回す。

正道院（岐阜市）

く。内容は「懺悔文」「般若心経」「総回向偈・摂益文・念仏一会（三回）」（念仏はナムアミダブを繰り返す）「舎利礼文」「延命十句観音経」「南無大慈大悲観世音菩薩」「十念」、約十分ほどであった。その後は歓談する。

正道院の播隆講（岐阜県岐阜市柳沢町）

播隆上人開山の寺院である正道院では毎月二十一日（播隆の月命日）午後二時から播隆講が勤められている。播隆講では念仏起請文が拝唱されお念仏が唱えられる。また、播隆の命日である十月二十一日には到岸会と称して開山忌が勤められている。

坂本播隆念仏講（岐阜県揖斐川町谷汲神原・坂本）

坂本地区では春秋のお彼岸に勤められているソウブツサン（総仏讃）、あるいはソウブツサマ（総仏様）と呼ばれている講があり、他の軸とともに播隆名号軸が使われている。添書には「横蔵女人講」と記されている。坂本には天台宗の古刹、横蔵寺がある。輪番の民家で勤められる講は夜七時から始まり、般若心経、観音経、お念仏、摂益文などが唱えられるが播隆とのつながりは不詳とのことであった。

西成岩虫供養講（愛知県半田市）

【愛知県】

西成岩虫供養講（愛知県半田市・常楽寺）

この地方では各地で虫供養が盛んである。西成岩の場合は常楽寺の境内で勤められるが寺の行事ではなく地区の行事である。いつからか講の持物を寺が保管するようにはなったが、虫供養は地区の人たちが行なう。播隆の名号軸は二十本ほどの他の軸といっしょに箱にしまってあった。播隆のものは二本あり、裏面にそれぞれ「徳本講寄附」、「助蔵、与三治郎寄附」と記されていた。

虫供養は秋のお彼岸の中日に境内に特設の小屋を設け、二十本ほどの軸を掲げて行なわれる。由来はわからないが、その時に播隆の名号軸も掲げられる。

境内には三つの小屋（テント）が設けられる。中心となる小屋の正面奥（テントの外側）に約四メートルほどの卒塔婆（白木の角柱）が建てられ、卒塔婆（供養塔）を中心に三界万霊永代祀堂、観音像、観仏名号軸、播隆名号軸など五幅の軸が掲げられ、燭台、香炉、花器の三具足、白団子、果物が供えてあった。播隆の名号軸は二ヶ所の小屋にそれぞれ掲げられていた。

長老の榊原政信さん（八十六歳）にお話を聞くと、五年ごとに当番がまわってくる（供養塔には当番・大門二区北講とあった）。虫供養は江戸時代に始まったらしいという。

小屋に詰めている人たちは雑談しており、特別に念仏を申すこともなく、径三十センチはある大きな鉦を思い出したように叩く。ポアーン、ポアーンと木琴のように境内に響く。

午前十時から午後三時か四時頃まで行なうが、その間、お参りの人が来て手を合わせ、オテッポウと呼ばれている白団子をもらって帰っていく。

昔は鉦をぶらさげて踊り念仏のようなことをしていたという。小屋掛けされた立派な舞台だが、講中による念仏行がないのは淋しいかぎり、寺から数人のお坊さんが来て、小屋の外で十分ほど読経していった。

大きな鉦は五つあり、太い縄がついていた。宝永六年、天保七年、天保十五年、嘉永五年などと年号が刻まれ、京大仏住西村左近宗春作が二つ、江戸西村和泉守作が三つあった。誰も播隆のことを知らなかった。榊原さんのお話では昔は色々なお念仏が盛んであったという。

祐蔵寺の徳住講（愛知県豊田市幸町）

本堂の脇に播隆名号軸が掛けてあり、その横には徳住名号軸、一枚起請文、三幅の軸が徳住を中心に並んでいた。この寺では約三十年前から徳住講を毎月五日に勤めており、その時、この三幅が掲げられるという。以前は民家で輪番に行っていた。

播隆名号軸のある豊田市池田町の称安寺、その親寺の豊田市寺部町の随応院、この祐蔵寺も浄土宗であり、ともに矢作川に近く、この地域はその水運で栄えていた土地である。住職によれば、槍ヶ岳の山頂に掛けた鉄鎖の浄財集めでこの辺りを播隆が巡錫したのではないかという。

徳住が開山となった浄土律のお寺、岡崎市の荒井山九品院、岡崎市の昌光律寺は今も律を守っているお寺という。この地方は徳住の信仰が篤い土地だが播隆の名は知られていない。

九品院の住職のお話では、同じ時代に活躍していた念仏行者の徳住と播隆が交流していたとは考えられない。特に捨世派のような行者は単独、独自性が強いもので、両者の信仰姿勢から、ただひたすら己の道を歩いていたのであろうとのことであった。

西赤目念仏講（愛知県八開村）

二十軒ほどの田中一党《いっとう》で毎月第三土曜日の午前中に行なわれており、各種の経文、念仏、最後に一枚起請文を拝唱する。田中一党は浄土宗、葬式があるとお通夜に百万遍の念仏を勤める。

裏之門念仏講（愛知県犬山市裏之門）

二十二軒が輪番で勤められており、播隆念仏講が年に二十二回ある。

一色浦念仏講（愛知県犬山市一色浦）

念仏講で使われていた播隆名号軸が傷んだため、軸は現在犬山市文化史料館に保管してある。昔は月念仏が行なわれていたが、現在は葬式とお盆のときに講が勤められている。

荒井組念仏講（愛知県犬山市荒井）

月念仏は行なわれていないが、葬式があると播隆名号軸をかかげて念仏講を勤めている。

前屋敷念仏講（愛知県扶桑町柏森）

春と秋の年二回、柏森南公民館で勤められている。

草井西組観音講（愛知県江南市草井町）

草井南組観音講（愛知県江南市草井町）

草井中野組観音講（愛知県江南市草井町）

草井の西組、南組、中野組の三組の人たちは誰も播隆のことを知らなかった。観音講と称されているが播隆名号軸が使われている。

【長野県】

青島念仏講（長野県松本市島内）

青島の阿弥陀堂は播隆の活動の拠点となったところで、その周辺の民家には播隆の名号軸が残されており、岐阜県内では今のところ見かけない「鎗ヶ嶽念仏講」と添書してあるものが数本ある。阿弥陀堂の近くの小原荘吾さん宅には当時の手紙、軸などの貴重な史料が現存している。

青島念仏講には槍ヶ岳寿命神と名号の二本がある。木箱には観音講と

青島念仏講（長野県松本市）

記されていた。寿命神の方には「念仏講授与青島村」、名号の方には「槍ヶ岳念仏講授与青島村」とある。

堂内には数体の木食仏がお祀りしてあり、「千ノ内空幻和尚為也」と背銘に刻まれた木食山居の木像があった。安曇野には弾誓系の木食聖による木像が多数残されている。また、土中入定した聖たちの行人塚が各地にある。播隆さんを受け入れたように、これらの聖たちを安曇野の人々はあたたかく迎えたのであろう。

講で使う鉦には「寛政九年……西村和泉守作」と刻まれていた。西村の名前は愛知県半田市の常楽寺で勤められている西成岩虫供養にあったものと同じである。

現在の講員は十一人で、筆者が訪ねた日に集まってみえたのは女性四人、男性二人、それに高松寺の住職・岩渕隆祥師の七名であった。

堂内の正面右に名号軸、左に寿命神軸を掲げ、岩渕師を先導に、お念仏のときは全員が木魚を叩きながら約四十分のお勤め。

内容は「光明会」（弁栄上人を信奉する組織）の形式で「南無阿弥陀仏三礼」「至心帰命す」「如来光明歎徳章」「至心に勧請す」「至心に讃礼す」「十二光仏」「礼拝」「光明摂取の文」「念仏三昧（ナムアミダブを十二分

ほど唱える)」「総回向の文」「至心に発願す」「南無阿弥陀仏　三礼」。その後、法話が約二十分あった。

驚いたことに、岩渕師の法話が始まると皆さんがメモをとりながら拝聴された。直会ではそれぞれが持ち寄った煮物、漬物などで歓談。

ある女性が「わたしの父は臨終の時に念仏を唱えて死んでいった。その時まわりの者もいっしょに唱和した」と語ってくれた。まさに大往生の景である。青島念仏講は生きた念仏講であった。

三瀬観音講（長野県松本市島内）

ここでは南無阿弥陀仏の念仏だけを唱え他のお経はやらないという。鉦には「西村和泉守作」の銘が刻んであった。現在は日を決めて行なっていない、皆の都合で勤めている。また、庚申講も勤めているとのことである。

「播隆さん」の歌　（『念仏法語取雑録』※より）

極楽を願ふ心ハうすくとも南無あみだ仏を口ぐせにせよ

極楽へ参る心の厚けれハかねて勤の薄らぎもなし

極楽へ参る心のまことより我を忘れて唱へこそすれ

極楽へ参る姿ハ唱へつる念仏の声にあらわれにけり

極楽へ参る心の定まれハ南無あみだ仏と唱へこそすれ

極楽へ参る思いハ一筋にみだのちかひを頼ミこそすれ

極楽へまいる念仏ハもふすなりやらふやらじハ弥陀にまかせて

極楽ハ見るもふるるも皆さとり楽しみずくめ早く参らん

極楽ハいふもさらなる見につけ聞もたふとき妙法のこゑ

極楽ハひろき誓ひにましませハ因果癈無を嫌ひ給ふぞ

極楽ハ仏の光りましまして地上しやうごん無窮なりけり

極楽ハ八功徳地の花盛り無数の光りぞかかやきにけり

極楽ハ恒沙三昧自然なり此土を捨て早くまいらん

極楽ハ本国他方寄来り数も限りもしられざりけり

※『念仏法語取雑録』（文政十三年・後年に加筆）播隆の信仰、足跡や、極楽歌など「播隆さんの歌」が収録されている。当初は一心寺（岐阜県揖斐川町）に残されていたが現在は正道院（岐阜市）に保管されている。

極楽ハ化天童子の瓔珞ぞ月日にこへて光かかやく
極楽ハ化天童子ハ我国のおなし念仏のともとこそしれ
極楽ハ八方八面皆たから感にたへにしさとりなりけり
極楽を願ふ我身ぞありかたき聖衆の数に入とおもへい
極楽ハ他仏菩薩のあつまりて虚空も共にかかやきにけり
極楽ハ空に音楽なり渡る聞ケハ仏のおしへなりけり
極楽ハ参れハ神通自在なり思ひのままに人を助けん
極楽の他力の船ハ煩悩のあらき波路もさわらさりけり
極楽へ参る願ひをそのままに助ケ給へともふす念仏ぞ
極楽を願ふ心を憐て弥陀も聖衆もむかへ給ふぞ
極楽ハ十万億土こへて行唱ふる時ハ一あしもなし
極楽ハ広大無辺にましませハほのか思ひの及ぶべくかわ
極楽へ通ふ御船に乗りてこそ世わたる業の心やすけれ
極楽の誓ひの船をたのみけり南無あみだ仏を追風にして
極楽へ参る御船に乗り得てハうき世の波もさわらざりけり
極楽へ通ふ御ふねの力にハ愚痴無智ともに重きともせず
極楽ハ上なき国と聞なれハ自他ともに願ふ念仏ぞ

極楽ハ無数の光明ましませハ衆生の闇も晴れわたりけり
極楽ハ濁りにしまぬ蓮葉の花の台に思ひこそすれ
極楽の法の御ふねのなかりせハ苦しき海をいかかて渡らん
極楽に参りてこそハ我身だも金の色の姿とぞなりけれ
極楽ハ瞋恚毒害放逸や我慢をおこす人なかりけり
極楽ハ種々不浄のあらされハ重病衆苦の愁ひたになし
極楽ハ五逆不善のなきところ顛倒死苦を請る者なし
極楽ハ妄想不覚なき所縄にまどへるとか人もなし
極楽ハ智恵慈善根を増上し念々せつなに悟る成けり
極楽ハ無量のたからまじわりて宮殿羅網かかやきにけり
極楽の七宝憧ハ限りなし無量無辺のかざり成けり
極楽ハ七宝樹林みちみちて光明たがひにかかやきにけり
極楽ハ宝国宝林たからの木七宝百宝ともになりけり
極楽ハ高き梢のことに法りの御声ぞ微妙成りけり
極楽ハたからの植木風の音聞人ともに悟りうるなり
極楽ハ常住不変の所なり浮世のかれてはやくまいらん
極楽ハ高才下智のゐらびなし南無あみだ仏を励み勤よ

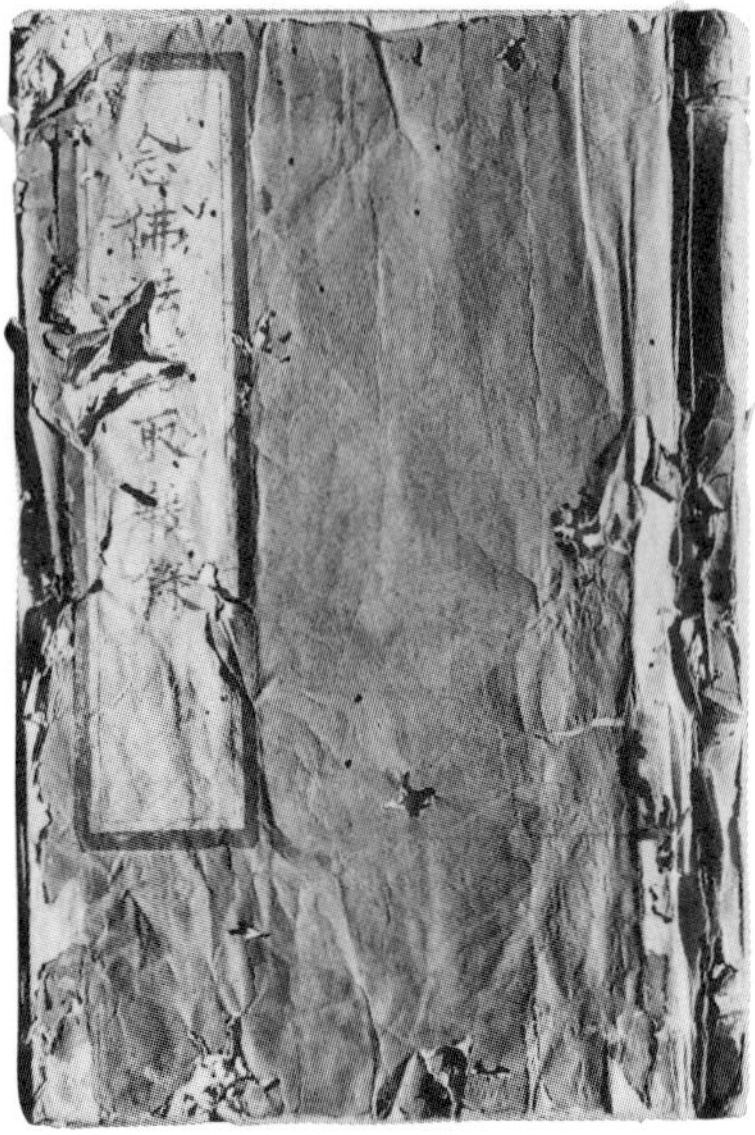

『念仏法語取雑録』表紙

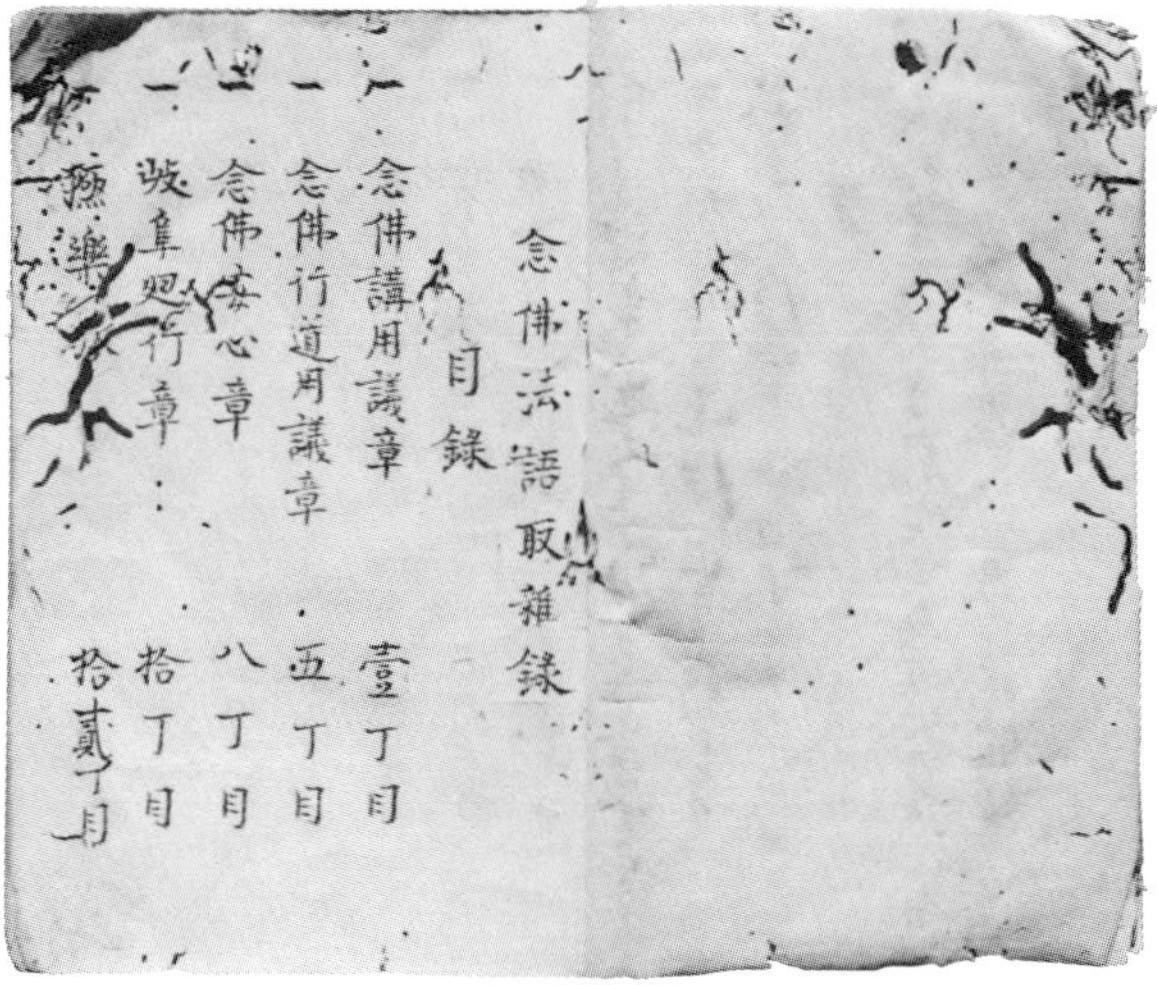

念佛法語取雜録

目録

一 念佛講用議章 壹丁目

一 念佛行道用議章 五丁目

一 念佛安心章 八丁目

一 跋章廻行章 拾丁目

一 [illegible] 拾貳丁目

『念仏法語取雑録』目次

子育歌

一　人の悪事をかたる間に、南無あみだ仏といふかがよい〳〵
二　二夕親主人の暇出ずハ、諸国へままにハ出ぬかよい〳〵
三　三ツ子の心百までぞ親の躾ハいまがよい〳〵
四　夜ルハおやより跡にして朝起とくからさすかよい〳〵
五　今も頓死をしよも知れぬ子供も信心さすかよい〳〵
六　無理いふ子供の心から親のおしへて後生ねがゑ〳〵
七　南無あみだ仏を嫌ふてもその子に念仏をさすがよい〳〵
八　疫神祈祷の祓ひにも南無あみだ仏のうへハない〳〵
九　子供に信心させぬれハ悪事学びをせんでよい〳〵
十　老人信心なき者ハ親のおしへかないからで〳〵
十一　いつを限りとしらぬ身に寿命の祈祷ハせぬがよい〳〵
十二　二世安楽の身となるに念仏もふしているがよい〳〵
十三　三世諸仏「にすくれたる」弥陀の誓ひ「のあるてよい〳〵」
十四　しぶとい「もの」の心から始終に念仏の出るがよい〳〵
十五　五十すぎての後世しらず寝とぼけ者よとしるがよい〳〵

十六　六欲世界を離るるハ弥陀の御ふねに乗がよい〳〵

十七　七宝荘厳こひしくハ常に念仏をするがよい〳〵

十八　八相道の荘厳で微妙の御声を聞がよい〳〵

十九　九品の浄土ハ百味なる六根自在ニなるぞよい〳〵

廿　二十五菩薩のおむかひて花の台にのるがよい〳〵

女人罪歌

一　人に誉らる娘でも罪の身の上おそろしい答者いる〳〵

二　二度てん上ハなりやせんぬぞ王のきさきも次の間で答者いる〳〵

三　身の上よふても侭ならぬ見聞いふこと自由ならぬ答者いる〳〵

四　嫁入する時はれしても後に姑のかげはなし答者いる〳〵

五　如何ほど子供かある迚も夫の機嫌にひまか出る答者いる〳〵

六　無理いふ夫も去ルまいぞふ縁の恨みに名が立そ答者いる〳〵

七　何ほど蔵ある大身も女の侭にハなりせぬぞ答者いる〳〵

八　役にもたたぬ賢立おんなが表の用にたたん答者いる〳〵

九　此世ばかりと思ふまい無始よりこのかた女なり答者いる〳〵

十　免角女ハ遁りやせぬ弥陀にまかせてやりめされ答者いる〳〵

十一　如何ほど遁れぬ女でも変生男子の願あるぞ答者いる〳〵
十二　贋事ならぬ罪の身ハ日の本大山のほりやせぬ答者いる〳〵
十三　三従のとが「ハ親夫と子もしたこふ■身しやない□□」答者いる〳〵
十四　始終に罪ある身をしらす不浄穢も目の前に答者いる〳〵
十五　五障の報ひハ梵釈魔転輪仏にならりやせん答者いる〳〵
十六　六方諸仏の浄土にハ女人ハ影さへささりやせぬ答者いる〳〵
十七　七重苦なん有ルとてもそれを助けん弥陀の慈悲答者いる〳〵
十八　八万地獄におつる身を救ひ取ぬと御苦労を答者いる〳〵
十九　九方の浄土にこゑ勝れ弥陀の誓ひハ女まで答者いる〳〵
廿　俄嫁入のことなれハはだかでその侭まいれとの答者いる〳〵

無常歌十二首

中でこわいハ無常の風じや命とらぬとそよそよ吹に
西の方から吹来る風ハつれてゆかんとあたまのうへを
西ハ西方あみたの浄土十万浄土にこゑ勝れたり
みだハ極楽きわめた楽て寿命無量で尽もやせぬぞ
娑婆ハ十楽らくとハいへど露の命で今をもしれぬ

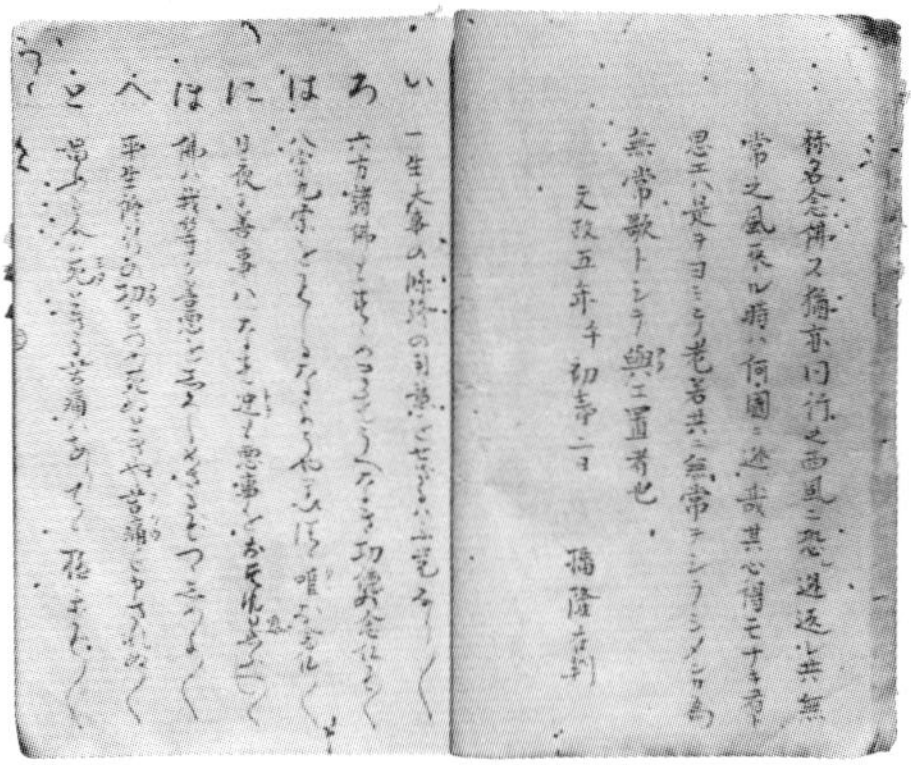

『念仏法語取雑録』より「イロハ歌」

弥陀の浄土ハ楽しみずくめ苦とハ言ずに安楽世界
娑婆ハ人間苦楽のあひだ苦楽はなれてあみたを頼め
弥陀の誓ひハ南無あみだ仏頼む衆生を洩しハせまじ
昨日楽しみけふ煩ふて次ハ愁の無常がさそふ
若ひ盛りも油断ハならぬ今や無常を遁れハせぬぞ
去来といふたら待てハくれぬはやくよういで行ねハならぬ
弥陀を頼て苦楽を捨て念仏もふすがあん楽浄土

イロハ歌

い　一生大事の臨終の容易をせざるハ不覚なり〳〵
ろ　六方諸仏もすすめますうへなき功徳の念仏ぞ〳〵
は　八宗九宗をそしるなようやまいつつ唯お念仏〳〵
に　日夜に善事ハなす迚も悪事を「おそれ□思ふ」へし〳〵
ほ　仏ハ我等か善悪をしろしめさるぞつつしめよ〳〵
へ　平生修行の功をつめ死ぬときや苦痛で申れぬ〳〵
と　唱ふる人ハ死ときに苦痛ハありても極楽ぞ〳〵
ち　智者も学もおさな子の心になりて御念仏〳〵

り　悋気ねたみをすなやめよ貞女の道をハ守りつ〱

ぬ　盗かたりといつはりとばくちをやめずハ地獄なり〱

る　るいこう地獄ハ仏神と親とをそしる罪科ぞ〱

を　おふよそ功徳のさひじょふハ親に孝行と念仏ぞ〱

わ　我身をつとめて魚とるないたさを思ふて殺なよ〱

か　刀て地獄ハ切ラりやせぬお侍衆もお念仏〱

よ　嫁も娘も若ひ衆も頓死ある世ぞ後生ねがへ〱

た　だんな寺をハ大切に三宝先祖に供養せよ〱

れ　礼儀を破りて不義をする衆合地獄の種となる〱

そ　損をかなよ商ひにかかれハおのれもそんをする〱

つ　罪と成ルなり酒類に水をくわへて売事ハ〱

ね　願よ頼よ南無阿弥陀仏女人ハことさらつみ深し〱

な　ならく無間の業ハそも子ながす罪よりうへハなし〱

ら　楽ハこの世になきものを楽とおもふぞまよいなり〱

む　村々町々役人の堅おきてを守るべし〱

う　憂かんなんにあふとても親・仏・神を恨むなよ〱

ゐ　いつまでどふらくして見ても同じ罪ぞやつつしめよ〱

の　望に限りハなきものぞ万事にふそくをたのしめよ〳〵
お　御上のいましめ大切に必ず納よ御年貢を〳〵
く　薬りをなるたけ施よ長命無病の種となる〳〵
や　役を勤るかたがたハ私せぬよふ第一ぞ〳〵
ま　まま子を悪みて追出すな殺な地獄の種となる〳〵
け　倹約守りて奢るなよちりも積れハ山となる〳〵
ふ　仏道も儒道も神道もいづれも御上ミの御守護なり〳〵
こ　この理をわきまへ仏道も儒道も神道もなかをよふ〳〵
ゑ　ゑんまの使のこぬ先にはやくいつれも御用心〳〵
て　田地田畑さかいめをあらそふ人ハ皆地獄〳〵
あ　朝ゆふ祈れよ殿様の御世八千代まて長かれと〳〵
さ　酒にふけるな食物におごるなその家亡ぶなり〳〵
き　金銀財宝ある迚もしうじやくするなよ蛇となる〳〵
ゆ　ゆめゆめ二枡つかうなよはかりめぬすむな地獄なり〳〵
め　目したの人をハあなどるな慈悲心くわへて用ゆべし〳〵
み　自どふらく止ざれハ人の異見ハならぬもの〳〵
し　死ことあるぞよ弥陀たのめ誰も一度ハ遁りやせぬ〳〵

え　栄よふ栄花もたのまれず満れハかくる世のならひ〳〵
ひ　人の如法につとむるをそねむな妬な地獄なり〳〵
も　もふせよ勤よおこたるなかりのやどりをいとひつっ〳〵
せ　摂取不捨の光りにハ唱ふる人のみてらさるる〳〵
す　すんかも願よわすくな寿命無量の極楽を〳〵
京　けふ九重の極楽の花の台にいつのらん〳〵
称　願ハこの功どくをあまねく衆生にほどこして〳〵
お　同しく心をおこしてぞ安楽世界に生れなん〳〵

十二光照に准らへて作れる十二首の歌

大罪も願よ小罪も頼よ重キも軽キも見棄ハないに
扨も嬉しや南無阿弥陀仏
善人も願よ悪人も頼よ敵も味方も見捨ハないに
扨も嬉しや南無阿弥陀仏
智者も願よ愚者の頼よ智恵も不智恵も見すてハないに
扨も嬉しや南無阿弥陀仏
聞くも願よ聞ぬも頼よ知るもしらぬも見すてハないに

扨も嬉しや南無阿弥陀仏
出家も願よ在家も頼よ浄と不浄も見すてハないに
扨も嬉しや南無阿弥陀仏
男も願よ女も頼よ罪もさはりも見捨ハないに
扨も嬉しや南無阿弥陀仏
老人も願よ若キも頼よ昔もいまも見すてハないに
扨も嬉しや南無阿弥陀仏
貴キも願よ賎キも頼よ主も家来も見捨ハないに
扨も嬉しや南無阿弥陀仏
上根も願よ下根も頼よ強も弱キも見棄ハないに
扨も嬉しや南無阿弥陀仏
富るも願よ貧者も頼よ持ツも持たぬも見捨ハないに
扨も嬉しや南無あみた仏
慈悲も願よ無慈悲も頼よ布施も貪取も見棄ハないに
扨も嬉しや南無阿弥陀仏
持戒も願よ破戒も頼よ行も非行も見棄ハないに
扨も嬉しや南無あみた仏

十二光和讃

諸仏ノ悲願ニ漏捨スル
　弥陀ノ大悲ノ光明ハ
永ク生死ノツキン身モ
　弥陀ノ大悲ノ光明ハ
蛇蝎姦詐ノココロニテ
　弥陀ノ大悲ノ光明ハ
末代濁世ノ今ノ世ハ
　弥陀ノ大悲ノ光明ハ
強悪無道ノ邪見ニテ
　弥陀ノ大悲ノ光明ハ
貧瞋煩悩具足シテ
　弥陀ノ大悲ノ光明ハ
十方世界ニ生ヲコヘ
　弥陀ノ大悲ノ光明ハ
慈悲ノ功善意滅シテ

煩悩具足ノ衆生ヲモ
無量光ニテ照サシム
此度悟ヲヒラクベシ
無辺光ニテ照サシム
生死ノキヅナノキレヌ身モ
無碍光ニテ照サシム
愚鈍無智ニテ果ン身モ
無対光ニテ照サシム
永ク三塗ニシヅム身モ
焔王光ニテ照サシム
哀欲色癡ハ離レねど
清浄光ニテ照サシム
煩悩スナハチ所有ナレド
歓喜光ニテ照サシム
逆悪罪過ノ心性ヲモ

弥陀ノ大悲ノ光明ハ　智慧光ニテ照サシム
疑心自力ノ我慢ニテ　常ニ煩悩タエヌ身モ
弥陀ノ大悲ノ光明ハ　不断光ニテ照サシム
大悲ノ心ハ知ラズシテ　疑法破滅ノ逆心モ
弥陀ノ大悲ノ光明ハ　難思光ニテ照サシム
宿世業報ノアラハレテ　瘖唖聾盲ノ懈怠ヲモ
弥陀ノ大悲ノ光明ハ　無称光ニテ照サシム
五障三従ト逆悪ハ　十方諸仏ニ嫌捨スル
弥陀ノ大悲ノ光明ハ　超日月光テ照サシム

弥陀利益和讃

末代衆生ノ御利益ハ　阿弥陀師徳ノ御名ヲコソ
法蔵因位ノ時ニアリ　五劫三是ヲ思惟セリ
本願名号ノ御利益ハ　上根下根モ善悪モ
タモテル御名ノ六字ニソ　兆載永劫ニ修行セリ
六字八万徳諸器ナレハ　地獄ノ猛火モケシツキテ
利益ハ台ノ清涼ト　転シテ安楽世界ナリ

阿弥陀ノ願行相続ハ　餓鬼ト飢渇ノ苦シミヲ
　末世ノ衆生ノ為ニトテ　億々兆却ニ利益セリ
阿弥陀仏ノ大願ハ　十方衆生ヲ救ハント
　法界生有ノ畜生ニ　生ヲ変ジテ利益セリ
如来大悲ノ恩徳ハ　三熱修羅ノタタカイヲ
　衆生利益ノ為ニトテ　永ク戴劫ニ身ヤツシ
苦海三塗モ修羅ノ身モ　転シテ人師ニ出ヌレハ
　仏智利益ノアラハレハ　功徳ノ大法タノムヘシ
天上界ノ楽ミモ　八万大劫ニヲサマリテ
　苦海三塗ニ沈ム身ヲ　弥陀ノ利益ハ助ケシム
苦海ヲ超過ノ声聞モ　弥陀ノ大悲ノ御利益ハ
　一念大利無上ニテ　即身成仏トゲタマフ
仏地ニ近キ縁覚モ　地上ノ菩薩ハ遂ガタキ
　弥陀ノ大悲ノ御利益ハ　一念無上ヲサトルナリ
弥陀ノ名号ノ御利益ハ　一念多念モスナハチニ
　安楽世界ノ往生ヲ　等覚弥勤ニ先エコソ
十方諸仏ニ超過シテ　極楽浄土ヲエラバシム

一切善悪衆生ヲハ　残ラズ利益ヲナシ玉フ

悲願和讃

末代悪世ノ今ノ世ハ　弥陀ノ名願ニヨラザレハ
　煩悩具足我等ニテ　イカデカ悟ヲ開クベシ
大悲弘誓ノ名号ニハ　無量ノ功徳マシマシテ
　悪世末代ノ衆生ヲモ　残ラス救ヒタマフベシ
煩悩具足ノ衆生ヲモ　南無阿弥陀仏ヲ唱フレハ
　無上法師ノ名号テ　一念大利無上ナリ
弥陀ノ大悲ノ誓願ハ　悲願ノミヤコヲ成就シテ
　苦悩ノ有情ヲ救ハント　南無阿弥陀仏ヲ与エシム
悲願ノ利益ナカリセハ　我等ハ苦海ニ沈淪シ
　永劫ニ長時ノ苦ヲ受テ　イツカ此身ハウカムベシ
弥陀ノ悲願ト云コトハ　苦悩ノ有情アハレミテ
　カナシミ願フトヨメル事　スナハチ極楽浄土ナリ
二季ノ悲願ト云コトハ　苦海生死ノ我等カラ
　清浄宝池ノ極楽ヲ　カノキシトソ申スナリ

不動和讃

末代利益ヲコトノトキニ
ウエニ不動ノ居処ヲ
玉ノ御山ノ花咲クモ
文政イマハ九ツノ
不動ノスミカノ滝ツボハ
口チハ間尺ホドスキズ
不動モ即チ其池ニ
適前利益ヲ此滝ニ
流レノ末ニ出ルトモ
忽チ利生アラハレテ
己ニ不動ノ後利益ハ
今度衆生ノ為ナレト
タキノホトリノ明王ニ
末代衆生ヲ利益ナル
我レハ念仏行者ナリ

始テ写セシ玉宿ノ
眼ザメノ滝ト名附ケ置ク
コロハ弥生ノハタチスギ
年ニ栄ル利益ナリ
岩堀坑池モ亀ナリニ
深ハ丈六底ヒロシ
黴ト姿ヲアラハシテ
普ク衆生ニ見セシムル
必ス是魚取ル者ハ
即身痛苦ニ悩ナリ
誰カヲソレヌ人ハナシ
広大慈悲ノ御身ナリ
金仏尊像マツリ置
姿ノ仏ト念ズベシ
弥陀ヲ捨テ不動トハ

大聖徳ノ方便ハ　時所ニ至リテ利益ナリ
不動明王ト云コトハ　動カヌ身ニテアキラカソ
王トハアルシノ弥陀如来　有情利益ノ方便ソ
諸仏ノ身ヲモマチマチニ　上座ト下座ト位所アリ
仏地初果ノ不動ニテ　早ク衆生ニ利益セリ
大日本地ニマシマセバ　荒キ形モ慈悲フカシ
降伏僧ヲアラハシテ　シビトヒ衆生モ利益セリ
閻魔モイカリノ姿ニテ　衆生ノ悪心破ラシム
コレモ弥陀ノ霊験テ　衆生利益ニ慈悲深シ
五仏ノ中ノ大日ハ　中央トイエド西方デ
妙観察智ノ弥陀ナレハ　説法利生ハ弥陀トナル
皆是弥陀ノ化現ニテ　不動モ弥陀ノ慈悲ナレハ
南無阿弥陀仏ト唱ツツ　参レハ其身ニ利益セリ
必ズ邪見ヲ発ズマジ　本地本山法師ヲモ
邪見ノ威勢ハコトトセン　我慢ハ弥陀モ利益ナシ

取集歌

守りつる薬ハ家徳医ハ勝れさじハまハるに只慈悲をせよ
あみだ仏の御名ハ六字で御利益ハ唱ふる者の参らんハなし
南無あみだほとけ任セニ唱ふれハ後の世この世ともにやすけれ
唱れハみだもその身にあらハれて口よりいづるいきほとけ哉
唱れハ如何なる罪も皆きへてたすけ給ふハ弥陀の誓ひぞ
みな人も南無あみた仏と唱ふべし六道関の手形とぞなる
六道のいかかなる関も念仏ハそのままこゑて弥だの浄土へ
南無あみた唱ふる人ハ極楽の花の台に身ハ栄へなん
紙のうへ南無あみだ仏は書置キテこれを唱へといふそ釈迦仏
石面に南無あみだ仏とうつし置け我レハ守るといふぞ釈迦仏

六字うた

南にほどの神もうへなき正覚と定めし座こそ南とハなりけれ
無量なる功徳と諸天ハ正覚をゆるせる座こそ無とハなりけれ
阿きらかと皆御仏も正覚を与へる座こそ阿とハなりけれ

弥ごとぞと誉て菩薩ハ正覚と誓へる座こそ弥とハなりけれ
陀羅にとハうへなき四徳の御名をみな納メ置塔陀とハいふらん
仏ハたたあらゆる衆生皆もみなかこみ入りたを仏とこそいふ

六字の功徳

南の字ニハ　八百万の神々納マりたまふ
無の字ニハ　無量の諸天納マリたまふ
阿の字ニハ　三世の諸仏納マリたまふ
弥の字ニハ　一切諸菩薩納マリたまふ
陀の字ニハ　八万聖諸教納マリたまふ
仏の字ニハ　十方衆生納マリたまふ

歌九首

日ノ本に二ツともなし岩かへの鎗か嶽とて、人ぞおそるる
世の人の恐るる嶺の鎗のほもやかて登らん我に始て
末までも世を守らなん我をもる仏を鎗の嶺に納て
極楽の花の台か鎗か嶽昇りてみれハ見へぬ里なし

我のりのなかれハたへじあつさ川鎗か嶽ほの露を集へて
三国に只一本の鎗か嵩ほさきにいまた利益あらねは
三角のみねふみわけて七とせの世も過ぬれと人ハ登らて
せんの綱天保五つのふみ月初ておかむ三日月かな
鎗か嶽ほさきに人ののほりなは末のみのりや成就なるらん

播隆名号碑一覧

No.	所在地	記名年	刻銘	書体	碑高
1	岐阜県加茂郡八百津町野上大門西　神明神社	天保五年三月吉日	西組中	B	一〇三
2	岐阜県加茂郡八百津町八百津　大仙寺	天保五年三月吉日		C	九二
3	岐阜県加茂郡八百津町伊岐津志塩口　観音堂	天保五年春		C	一三五
4	岐阜県加茂郡八百津町伊岐津志中組　庚申堂	天保五年四月		C	一七五
5	岐阜県加茂郡八百津町伊岐津志中野　馬頭観音・弘法堂	天保五年五月	中野中	C	九五
6	岐阜県加茂郡八百津町伊岐津志中野　馬頭観音・弘法堂	天保五年一月	子供連中	C	五五
7	岐阜県加茂郡八百津町伊岐津志石畑　聖観音様	天保五年三月		C	五五
8	岐阜県加茂郡八百津町野上　坂下墓地	天保五年三月吉日	下切中	C	九五
9	岐阜県加茂郡八百津町野上　逆巻墓地	天保五年三月吉辰	野上村坂牧組中	C	一二五
10	岐阜県加茂郡八百津町和知中組　観音堂	天保五年初春吉辰	組中案穏子供講中	C	一一五
11	岐阜県加茂郡八百津町和知谷　観音堂	天保五年二月吉辰	前野組中	C	一二五
12	岐阜県加茂郡八百津町和知中山　庚申堂	天保五年一月十八日		C	七三
13	岐阜県加茂郡八百津町和知中山　庚申堂	無		C	一〇二
14	岐阜県可児郡御嵩町伏見西町（通称・西坂）	天保五年春	村中	C	二三五
15	岐阜県可児郡御嵩町伏見高倉（中学校裏）	天保五年二月		C	七五

16	岐阜県可児郡御嵩町比衣洞　弘法堂	天保五年二月吉日		C	一八〇
17	岐阜県可児郡御嵩町比衣里　日吉神社	天保五年五月吉日		C	一七五
18	岐阜県可児郡御嵩町中長瀬　観音堂	天保五年十二月九日		C	一一五
19	岐阜県可児郡御嵩町中大庭　観音堂	無		C	八五
20	岐阜県可児郡御嵩町中南町　交告神社	天保五年四月十七日	欠組子共中	C	九八
21	岐阜県可児郡御嵩町上恵土新町　本郷共同墓地	天保六年八月	∴一長平内∴是明信女	B	四五
22	岐阜県可児郡御嵩町上恵土新町　本郷共同墓地	天保九年三月	∴長寿院釈瑞明法完居士俗名∴一長平	B	一二〇
23	岐阜県可児市兼山下町　浄音寺	天保四年九月	当山檀中常念仏　中幡□□	C	一四〇
24	岐阜県可児市兼山下町　浄音寺	天保五年二月	下町子供中	C	九〇
25	岐阜県可児市兼山下町　浄音寺	天保五年二月	造立焉□本千八刻造	B	九二
26	岐阜県可児市兼山宮町　可成寺	天保四年九月	当山講中	C	一八〇
27	岐阜県可児市兼山宮町　可成寺	天保四年十月	上之段子供中	C	六〇
28	岐阜県可児市兼山柳栄町　庚申塚墓地	天保四年	古町子供講中	C	七〇
29	岐阜県可児市兼山魚屋町　六角堂	天保四年一月	上両町子供中	C	五五
30	岐阜県美濃加茂市太田本町　祐泉寺	天保五年九月吉祥日	念仏講中十方施主	B	一八〇
31	岐阜県美濃加茂市太田本町　祐泉寺	天保七年九月	林由富建之	D	七二
32	岐阜県美濃加茂市下米田町今（馬串山の北）	天保五年二月	今区講中	C	一三〇
33	岐阜県美濃加茂市下米田町則光　神田弘法堂（大師堂）	天保五年		C	八五
34	岐阜県美濃加茂市山之上町中之番（保育所の南）	天保寅一月吉日		C	九五

35	岐阜県加茂郡川辺町中川辺天神東　弘法堂	天保四年九月		C	九二
36	岐阜県加茂郡川辺町中川辺　本御堂墓地	天保五年三月	天□組中	C	一一五
37	岐阜県加茂郡川辺町中川辺　本御堂墓地	無	先祖代々霊	C	九〇
38	岐阜県加茂郡川辺町下石神森下　(旧飛騨街道)	無		B	七五
39	岐阜県加茂郡川辺町比久見　弘法堂	天保五年二月吉日	村中安全大脇氏	C	一〇五
40	岐阜県各務原市須衛町　神明神社	嘉永二年五月吉日	願主隆観・花押	B	一一五
41	岐阜県各務原市鵜沼各務原町　(国道陸橋南)	天保四年二月十五日		C	最大
42	岐阜県各務原市那加門前町　(名鉄市民公園前駅北)	天保三年一月二十七日		C	一七五
43	岐阜県岐阜市溝口　溝口墓地	天保十三年二月上旬	当村若連中	B	一六〇
44	岐阜県岐阜市芥見本町　大師堂跡	天保三年	念仏講中	C	一〇五
45	岐阜県岐阜市緑町　本覚寺	無	観世音菩薩　地蔵大菩薩	C	一三〇
46	岐阜県可児市今立野　念仏塚	無		C	二七
47	岐阜県可児市渕之上　可児・加納墓地脇	天保五年二月		C	九〇
48	岐阜県加茂郡七宗町神渕寺洞　阿弥陀堂	文政五年七月吉日	願主寺洞中	B	一六〇
49	岐阜県加茂郡七宗町神渕杉洞東ヶ洞　お不動様	文政六年一月二十二日		C	四七
50	岐阜県山県市日永　東林寺	文政十三年三月		C	一五〇
51	岐阜県山県市谷合　善導寺	文政十三年九月	当山三十四世慈空代建之　十万施主	C	一九〇
52	岐阜県高山市上宝町岩井戸　観音堂	無		A	一〇二
53	岐阜県揖斐郡揖斐川町長良白石　八丈岩	文政十二年春三月	石工仙蔵	C	一四〇

54	岐阜県揖斐郡池田町小牛　共同墓地	無	蓮弁	C	一七八
55	岐阜県安八郡神戸町川西　川西墓地	文政十年六月		C	一四二
56	岐阜県不破郡関ヶ原町今須新明　天満宮	文政十年七月上旬	天下和順　日月清明	B	七五
57	岐阜県加茂郡東白川村越原大明神　弘法堂	天保六年秋八月	安江清九郎組中	C	一八〇
58	岐阜県美濃市吉川町　来昌寺	天保三年四月	講中	C	二〇〇
59	岐阜県関市肥田瀬　上肥田瀬国道四一八号沿	無		B	四六
60	愛知県江南市草井町宮西　大善寺	天保六年八月吉日	村中	C	一四三
61	愛知県江南市高屋町中屋敷　永正寺	弘化三年二月吉日	願主隆観・花押村女人中	B	九〇
62	愛知県江南市赤童子白山　長幡寺	天保十年九月	願主隆観　村中	B	一二八
63	愛知県江南市和田町天神　共同墓地	二月八日		C	九〇
64	愛知県江南市和田町天神　共同墓地	文政十二年五月十五日	願主秀空暁禅室　以参法師	C	八六
65	愛知県江南市和田勝佐字折橋　共同墓地	天保三年八月		C	一一七
66	愛知県江南市松竹町西瀬古　龍泉寺	文政十三年三月		C	一五二
67	愛知県一宮市大江一丁目　常念寺	天保十三年二月		B	一三〇
68	愛知県一宮市浅井町小日比野　龍泉寺	弘化二年五月	願主隆観	B	八〇
69	愛知県一宮市赤見三丁目　赤見説教所	天保十一年十一月	願主隆観同行中	B	八三
70	愛知県一宮市萩原町戸苅　西方寺	天保十一年九月		C	九二
71	愛知県一宮市光明寺千馬　観音寺	天保十二年十二月	女人講中願主隆観	B	一〇〇
72	愛知県丹羽郡大口町余野字寺前　徳林寺	嘉永七年七月	願主隆観・花押石主吉田正作　当村中	B	一〇二

73	愛知県丹羽郡大口町豊田奈良子　秋葉三尺坊地蔵堂	天保十五年六月二十八日	願主隆観	B	一九五
74	愛知県丹羽郡扶桑町柏森字寺裏　柏森霊園	天保九年七月	村中	C	八八
75	愛知県知多郡東浦町緒川新田　共同墓地	天保六年冬	授与隆応	C	一〇八
76	長野県安曇野市三郷小倉（南小倉）大日堂	無		B	四八
77	長野県安曇野市三郷小倉（南小倉）中田一族墓地	昭和四十八年十一月	中田又三郎建之	C	一二六
78	長野県安曇野市三郷温（上長尾）平福寺	天保七年二月十五日	上長尾村中	B	一五〇
79	長野県安曇野市三郷温（上長尾）平福寺	昭和五十二年八月吉日	中村宗尋・昌博・隆温建之	B	九四
80	長野県松本市大村　玄向寺	天保十一年十月二十一日	暁道播隆大律師	C	一三五
81	長野県松本市今井西耕地柳原（桜井家墓地）	天保七年二月十七日	達蓮社高誉明阿恵性見岩沙弥霊塔	B	一〇一
82	滋賀県米原市志賀谷　志賀神社	無		C	一六五
83	滋賀県米原市志賀谷　墓山	無		B	六〇

※1　名号碑の署名花押のうち、№11、12、17、18、21、28、38、54、55は無し、41は署名有り花押不詳、他はすべて有り。

※2　書体欄のAは初期書体、Bは花文字風、Cは梵字風、Dは異体（楷書体）。

※3　№48、49の書体は、それぞれBC書体の初期のもの。

※4　№2は平成元年、八百津橋掛け替えのため港町の川神神社より移転。二つに割れている。

※5　№21、22、37は墓標。

※6　№34は二つに割れて碑面が欠落。天保の寅は元年と十三年があるが、十三年を採用。

※7　№41は濃尾地震で二つに割れ、その後の空襲の爆風で倒壊。碑の高さは三メートル以上で最大。
※8　№50は二つに割れている。67は名号の文字部が欠落。
※9　№63は三輪家の墓標、64は大脇家の墓標、83は箕浦家の墓標。
※10　№75は円柱型の碑。
※11　№77は浄心寺の名号軸を、79は中村昌博蔵の名号軸をそれぞれ写して墓碑とした。
※12　№6、17、40の年号と、32の刻銘は『槍ヶ岳開山播隆』穂苅三寿・貞雄（昭和五十七年・大修館書店）による。
※13　№9の年号と、6、9、23、25の刻銘は『中濃文化財研究会印刷物』（昭和三十九年）による。
※14　№29の年号と、27、29の刻銘は『兼山町史』（昭和四十七年）による。
※15　№53の年号と、53の刻銘は『山岳仏教念仏行者播隆上人』安田成隆（昭和四十五年・一心寺）による。

あとがき

念仏行者播隆は、各地の山岳などで修行し、同時に庶民に対して和讃や名号札などで布教、教化をしてきた。まさしく庶民とともに生きた播隆の事績は、さらに今日まで宗派を超えた念仏講などによって続いてきたのである。

筆者は、これらの播隆の事績の研究を、単なる研究書などの書籍からではなく、昭和六十三年（一九八八）から現地を訪れ、播隆が書いた南無阿弥陀仏の文字が石に刻まれた播隆名号碑の調査から始めた。

以来、現地で確認できる名号碑や名号軸、墨跡などから播隆の南無阿弥陀仏の意味を学びたいと努めてきたが、信仰心の薄い筆者には今もって分からない。ただ、調査先で出会った人々との交流から頂いた御縁は大切な宝物となっている。

今では町や村の辻などで播隆名号碑と対面すると「播隆さん」に会ったような気がするのである。また、念仏講や念仏行事を通して、当時の庶民の姿を垣間見たような気がした。

筆者の播隆の研究は個人的な調査から、平成十一年（一九九九）に立ち上げた播隆の研究団体「ネットワーク播隆」によるさまざまな活動や研究へと発展し、現在に至っている。小さな歩みであったが何とか継続することができたのは、播隆さんの御遺徳と関係者の御尽力のお陰であった。もちろん今後も調査、研究につとめたい。

今後も播隆の名号碑や墨跡、あるいは播隆念仏講関連の古文書が発見されることは十分予想される。ご一報くだされば幸いである。

本書によって里の播隆の事績を理解され、また研究の一助になれば幸いである。

最後に、まつお出版の松尾一氏に、本書上梓の機会を与えていただいたことに感謝する。

平成三十年十月一日

黒野こうき

主な参考文献

『各務原今昔史』那加村役場（大正 15）

『播隆上人略歴』大野光堂編（播隆上人奉賛会・昭和４）

『大口村誌』大口村役場（昭和 10）

『岡本家歴代記』岡本太右衛門（昭和 10）

『卯花村史』卯花村誌編纂委員会（富山県卯花村・昭和 26）

『大山史稿』（「槍が嶽開山播隆上人」前田英雄）大山町史編纂委員会（昭和 35）

『槍岳開祖播隆』穂苅三寿雄（私家版・昭和 38）

『山岳仏教念仏行者播隆上人』安田成隆（一心寺・昭和 44）

『中村・森本家由来覚書』森本清治（私家版・昭和 52）

『美濃加茂市史・史料編』美濃加茂市教育委員会（昭和 52）

『風たより・N71 ～ 104』黒野こうき（私家版・平成１～９）

『槍ケ岳開山播隆＜増訂版＞』穂苅三寿雄・貞雄（大修館書店・平成９）

『槍ケ岳開山播隆上人の足跡展』中山道みたけ館（御嵩町教育委員会・平成９）

『美濃加茂ふるさとファイル N07・播隆』美濃加茂市教育委員会（平成 10）

『播隆研究・第一号～十四号・付録』ネットワーク播隆（平成 12 ～ 29）

『ばんりゅう・通信 N01 ～ 36』ネットワーク播隆（平成 12 ～ 29）

『ふるさと再発見Ｖ』大山町自治振興会（平成 15）

『播隆・槍への道程』市立大町山岳博物館（平成 17）

『播隆と尾張・美濃』犬山市文化史料館（平成 19）

『播隆展・槍ケ岳開山とその周辺』松本市立博物館（平成 20）

『播隆・笠ケ岳再興』富山市大山歴史民俗資料館（平成 20）

『伊吹山と播隆』米原市伊吹山文化資料館（平成 25）

協力（敬称略・順不動）

播隆上人生家の会（富山市）
竹中純瑜（正道院）
佐光篤（郷土史家）
可児光生（みのかも文化の森）
降旗正幸（郷土史家）
木下守（松本市立博物館）
上宝郷土研究会（高山市）
西松賢一郎（大口町歴史民俗資料館）
安田成隆（一心寺）
大沢法我（法蔵寺）
勝村公（郷土史家）
伊藤克司（歴史研究家）
栗谷本真（中山道みたけ館）
川上岩男（郷土史家）
富山市大山歴史民俗資料館（富山市）

ネットワーク播隆

播隆研究と顕彰を目的とした任意の研究団体。『播隆研究』『ばんりゅう通信』を発行。

事務局　〒505-0075 岐阜県加茂郡坂祝町取組 387-7（黒野 方）
TEL 058-383-8770　FAX 0574-26-7361

著者紹介

黒野こうき（くろの　こうき）

昭和27年生まれ。画家、詩人、地方史研究家
円空研究から播隆と出会い、播隆の研究団体「ネットワーク播隆」を組織して代表を務める。
主な著書：詩集『どどどどどの歌』『円空山河』『川柳と漫画による近代庶民史』『賢治の風光』『岐阜の岡本一平』『播隆入門』『南無の紀行—播隆上人覚書』

撮影／黒野こうき

まつお出版叢書 6

里《さと》の播隆《ばんりゅう》

2018年12月20日　第1刷発行
著　者　黒野こうき
発行者　松尾　一
発行所　まつお出版
〒500-8415
岐阜市加納中広江町68　横山ビル
電話 058-274-9479
郵便振替　00880-7-114873
印刷所　ニホン美術印刷株式会社

※ 価格はカバーに表示してあります。
※ 落丁本、乱丁本はお取り替えします。
※ 無断転載、無断複写を禁じます。
ISBN4-944168-47-7　C1315

まつお出版叢書シリーズ

①円空仏入門　　小島梯次
各地を巡錫した円空（1632～1695）の生涯は、修行と布教のための造像に貫かれている。機械と効率が幅を利かす現在、円空仏のぬくもりが再び求められているのではないか。円空仏は、まさしく庶民生活の中に息吹いている。

②木喰仏入門　　小島梯次
木喰（1718～1810）は、諸国を巡錫して、各地で多数の神仏像などを彫り奉納、90歳にして最高傑作といえる像を彫り上げた。木喰仏は、硬軟合わせた多様性を持つ木喰の個性が溢れており、「微笑仏」と親しみを持って称せられ、現在でも庶民の信仰の対象となっている。

③播隆入門　　黒野こうき
槍ケ岳開山で知られる播隆（1786～1840）は、地位のある高僧、学僧でもなく一介の聖であり、まさに庶民とともにあった。さらには登拝（登山）信仰を確立させて槍ケ岳念仏講や播隆講へと発展していく。

④円空と修験道　水谷早輝子
円空仏で著名な円空（1632～1695）は、「半ば人間、半ばカミ」として、山岳宗教者の系譜に繋がる和歌を詠む修験者であった。大自然に遍満する不可思議な世界を畏敬する円空の、想像力と感性の豊かさを伝える神仏混淆の世界が広がっている。

⑤山の播隆　　黒野こうき
「山の播隆」とは、山中の岩屋、修行場で念仏修行する播隆の足跡のことである。伊吹山禅定（山籠修行）、笠ケ岳再興、槍ケ岳開山・開闢、さらに修行の厳しい実態を明らかにする。それは本書に掲載された豊富な播隆の修行に関する古文書の解説によっても、十分に理解できよう。

⑥里の播隆　　黒野こうき
庶民と交流した念仏の布教、教化に生きた「里の播隆」の足跡は、数々の歌や、念仏講、各地にある播隆名号碑、あるいは名号軸など多数にわたっている。また播隆の書体や花押を分類、分析し播隆そのものを考察する。